U0111763

大展好書　好書大展
品嘗好書　冠群可期

少林功夫④

少林怪兵器秘傳

素法　德虔
德炎　德皎　編著

大展出版社有限公司

前　言

少林寺稀有兵器是歷代高僧和弟子們珍藏秘不外傳的寶貴遺產。爲發揚少林武術，宏揚中華武威，經挖掘整理，參照少林寺古今拳譜和著名武僧貞秋、如淨、貞緒、貞俊、貞方等大師及俗家弟子馬希貢、郭慶方、沙寶玉、郭明堂、徐敏武、劉百川、宋德聚和武術名家王子平、佟中義、馬金標、蘆松高等諸位武林前輩的秘傳口授譜訣，收集編寫成小、巧、短、長、軟等怪兵器（如月牙刀、兩節棍、彈弓、雁翅、護手鉞、草鐮、金剛鑿等），這些不但便於攜帶，而且不引人注意，既可防身，又能對敵作戰，還可作募化用具。

本書在編寫過程中，承蒙河南省登封縣，山東省郯城縣各界有關領導，少林寺方丈德禪，首坐僧素喜和衆僧及武林同行們的大力支持與援助方編著成此書，在此一併致謝。

我們文化水平有限，再加之時間短促，書中難冤有不足之處，敬請海內外武林界師友和讀者們，多多批評指正。

編著者

4

目　錄

‣‣

6

少林寺怪兵器，是歷代高僧秘不外傳的鎮寺之寶。本書共選怪兵器 17 種，包括弓箭和彈弓等，這在外界一般都是罕見之物。

它們的存在說明佛門禪林聖地，確有獨特的秘藏技藝和各種驚人的功法。爲發展少林武術，宏揚中華武威，我們先初步挖掘整理以下 17 種，供愛好者參考研究。

一、少林金剛鑿

（一）少林金剛鑿簡介

金剛鑿是少林秘藏小巧兵器之一，爲宋代伏虎禪師所傳，共有 18 招，經明代悟雷高僧精研成 32 鑿，並變爲雙鑿。以後清代清倫、清蓮、靜紹、真珠、如容、如量、海參、湛舉、寂聚、寂袍、寂亭、淳錦、淳念、淳密等精心銳意苦修，增至 64 招，相傳至清末貞秋大和尚鑽研成 81 招，流傳至今。

少林金剛鑿尺寸短小，便於攜帶，有急用時，可以隨手從腰間取出，能驅趕盜賊，鎮守寺院，可抵擋長短器械，也可從遠處射敵。

如貞秋師傳 1927 年雲遊湖廣地界，經黃梅縣北 10 里的密松林內，偶遇 12 個賊人，圍著一個青年婦女（因婦女給老人取藥治病路過樹林），貞秋師傅當場勸說他們休得無理，眾賊不但不聽，還讓老和尚少管閒事，隨即又扯拉弱

婦，此時貞秋從腰間伸手取出一排鏨，共有 13 支，大喊一聲：「惡賊招打！」抖手飛出一鏨，射進了扯拉婦女賊人的眼中，那賊雙手抱鏨慘叫倒地，眾賊槍刀棍齊舉圍向貞秋師傅。此時老僧縱身貼在樹上，又一縱身跳在樹枝上，同時大喊：「賊人吃打！」隨即雙手齊發，又飛出兩鏨，都射中賊人面部，接著又說：「如果你們再動，我叫你們都插上鏨子。我鏨上有毒，半天不治即會喪命，如果想活，老實改過，我仍給你們治傷，否則休想活命。」三個賊人齊跪地求生，其他賊人四散奔逃。

師傅下來收了鏨，取出藥物給三人包好，又給點藥丸，告他們如何服用，勸他們以後不要作惡。

三人表示感謝，發誓一定改邪改正，多做好事。貞秋大師又把婦女送到 5 里外的家中，那婦女磕頭百般感謝，貞秋沒進家門即告辭而去，那年他 74 歲。

少林金剛鏨的技法主要有：扎、刺、插、挑、撩、滑、撥、架、點、捅、射等。

貞秋高僧曰：

> 小小金鏨七寸長，先師秘傳在廟堂。
>
> 鎮守寺院看遺產，謹防惡盜和賊強。
>
> 雲遊募化藏身旁，防身護體避刀槍。
>
> 群敵作惡狠懲治，雙手一撒賽飛蝗。

1. 歌　訣

> 金剛鏨來鏨金剛，秘藝流傳在廟堂。
>
> 湛舉法師精此藝，傳給寂聚接奇方。
>
> 淳錦法師授給俺，避免惡盜和豺狼。

用在危急能衝戰，能作暗器射敵強。

能防撲刀和利劍，擅避棍棒和長槍。

軟硬兵器都能防，小巧之物藏身旁。

前插黃龍來探爪，後挑猛虎把尾揚。

左刺金雞來餐眼，右插白鶴亮翅膀。

上挑摘星去換斗，下插惡虎見閻王。

行動刺挑快如電，穩步撩掛猛又剛。

如果遠處敵逃跑，雙鑿射擊似飛蝗。

如若群敵來圍困，翻天羅旋鑿法強。

九九八十一勢法，前人傳藝囑耳旁。

為國為民來除害，名留千古揚八方。

2. 動作順序

起勢、金剛獨立、一步三鑿、迎面刺敵、進步刺敵、枯樹盤根、轉身紉針、躍步雲頂、進步射虎、大仙觀風、後撩蹬踢、轉身彈踢、追蛇入洞、夜叉探海、後插彈踢、大鵬展翅、大雁落山、青龍出水、摘星換月、仆身插虎、偷步刺肋、回頭望月、飛鑿取敵、飛身取寶、烏龍進洞、順風舉旗、蹲身下鑽、虛步迎敵、白鶴亮翅、旋轉風雷、丹鳳落山、巧女紉針、金雞餐眼、收招歸原。

（二）少林金剛鑿套路圖解

起 勢

足立八字，身胸挺直，雙手握鑿緊貼兩大腿外側，鑿刃向下，手心向裡；目視前方。（圖1）

1. 金剛獨立

左腿提膝成獨立勢，同時，雙鏨由兩側向上斜展，左手心向下，鏨刃向左，高與肘平，右手展於右上方，手心向前，鏨刃向下，目視左前方。（圖2）

圖1

2. 一步三鏨

左腳向左一步下落，兩腳為軸，體左轉90度，使兩腿成左弓步，同時，右鏨由後向前直臂下扎，手心斜向下，鏨刃斜向前，左鏨由前向身後左側撩刺，手心斜向下，鏨刃斜向後，目視前方（圖3）；左鏨迅速向後再刺向前方，手心向右，鏨刃斜向下，右鏨由前再撩向身後右側，手心斜向左，鏨刃斜向後，目視前方（圖4）；右鏨由後迅速向前刺扎，手心向左，鏨刃斜向下，左鏨由前撩於身後左側，手心斜向右，鏨刃斜向後，目視前方。（圖5）

圖2

圖3

圖4

圖5

3. 迎面刺敵

右腳在後，離地，同時，右鑿由前向上外撩於頭上右後側，手心向外，鑿刃斜向後，左鑿由後向前直臂扎刺，手心斜向下，鑿刃斜向前，目視前方。（圖6）

圖6

4. 進步刺敵

抬右腳向前落於左腳前半步，左腳在後離地後抬，成扒沙步，同時右鑿由後向前下方扎刺，手心斜向下，鑿刃斜向下，左鑿由前向後撩挑於頭上左側，手心向外，鑿刃向後，目視前方。（圖7）

圖7

5. 枯樹盤根

左腳向前落於右腳前半步，兩腳為軸，右轉體 90 度，抬右腳落於左腳後外側半步，使兩腿變為歇步，同時，右鏨由下向上屈肘挑架於頭上前方，手心向前，鏨刃向上，左鏨由上向下刺扎於左側下方，手心向前，鏨刃斜向下，目視左下方。（圖 8）

圖 8

6. 轉身紉針

起身，兩腳為軸，體右轉270 度，提左腳成獨立勢，同時兩鏨隨身勢右旋，右鏨直臂向前扎刺，手心斜向下鏨刃斜向前；左鏨上撩架於頭上左側，手心向右，鏨刃向前，目視前方。（圖9）

圖 9

7. 躍步雲頂

左腳在後，下落為軸，右腳離地抬起，身體左轉 180 度，同時，雙鏨展向左右兩側，手心斜向前，鏨刃斜向外，目視前方右側。（圖 10）

圖 10

左鑿在前方為軸，繼續左轉體135度，右腿不落地，隨身勢向身後擺動，同時，雙鑿在頭上由右向左旋轉一圈，然後展於兩側，手心向前，鑿刃斜向下，目視前右側。（圖11）

圖11

8. 進步射虎

右腳為軸，體左轉225度，左腳落在右腳前一步，使兩腿成左弓步，同時右鑿隨身勢由後向前扎刺，手心斜向左，鑿刃斜向前，左鑿上架於頭上前方，手心向右，鑿刃向前，目視前方。（圖12）

圖12

9. 大仙觀風

左腳離地後移半步，右腳離地向前一步，兩腳落地為軸，體左轉90度，使兩腿成左虛步；同時，右鑿由下向上撩架於頭上右側，手心向前，鑿刃向外，左鑿下扎護於右胯外前側，手心向內，鑿刃向下，目視前方。（圖13）

圖13

13

10. 後撩蹬踢

左腳內收站立，抬右腳向前
蹬踢，同時，雙鏨由右向左撩撥
後滑於身後左側，左手在上，手
心向外；右手在下，手心向內，
兩鏨刃向下，目視左前方。（圖
14）。

圖 14

11. 轉身彈踢

右腳落地，左腳離地向前彈
踢，同時雙鏨由左向右撩撥，後
滑於身後右側，右手在上，左手
在下，兩手心斜相對，鏨刃向
下，目視右前方。（圖 15）。

圖 15

12. 追蛇入洞

左腳在前方下落，使兩腿成
跪步，同時左鏨上架於頭上左前
方，手心向右，鏨刃向前，右鏨
由後向前下方扎刺，手心向右，
鏨刃向下，目視前方。（圖
16）

圖 16

13. 夜叉探海

起身，兩腳為軸，體右轉 180 度，左腳離地後蹬，同時

14

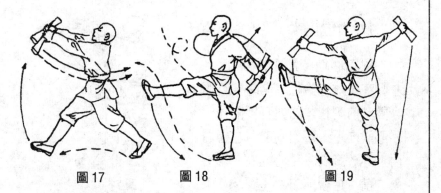

圖 17　　　　圖 18　　　　圖 19

雙鑿隨身勢向前直臂點刺，兩手心相對，鑿刃斜向下，目視前方。（圖17）

14. 後插彈踢

左腳落於右腳內側，速抬右腳向前彈踢，同時雙鑿由前向後經兩側外挑插於身後，手心相對，鑿刃斜向後上方，目視前方。（圖18）

15. 大鵬展翅

右腳在前一步下落，抬左腳向前彈踢，同時雙鑿收於身前交插，然後外展於前後兩側，手心向右，鑿刃向外，目視右前方。（圖19）

16. 大雁落山

左腳在前方半步落地為軸，抬右腳內移，體右轉90度落地，屈膝全蹲，同時雙鑿由左、右兩側下扎，手心斜向下，鑿刃斜向下，目視前方。（圖20）

圖 20

17. 青龍出水

兩腳碾地，體右轉 90 度，左腳在後離地抬起，同時雙鑿隨身勢向前刺扎，右鑿直臂前扎，手心斜向下，鑿刃向前，左鑿屈肘前扎於胸前，手心向右，鑿刃斜向前，目視前方。（圖 21）

圖 21

左腳在前方一步下落，右腳離地後抬，左鑿向前扎刺，手心向右，鑿刃斜向前，右鑿後滑護於胸前右側，手心向下，鑿刃斜向前，目視前方。（圖 22）

18. 摘星換月

右腳在前方一步下落，左腳離地微提，同時右鑿向前上方直臂斜穿上挑，手心斜向左，鑿刃斜向前，左鑿後撩於身後左下側，手心向後，鑿刃斜向下，目視前方。（圖 23）

圖 22

19. 仆身插虎

右腳離地向左旋跳，體左轉180 度，雙腳落地成仆步，同時雙鑿隨身勢下插於身前，右膝內

圖 23

16

側，兩手心斜相對，鑿刃向下，目視前方。（圖24）

20. 偷步刺肋

起身，兩腳為軸，體左轉180度，抬左腳落於右腳後一步，成倒插步，同時雙鑿隨身勢向右後側倒刺，雙手心向左，左手心向右，兩鑿刃向後，目視右後方。（圖25）

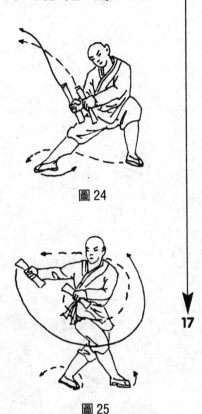

圖24

21. 回頭望月

兩腳碾地，體左轉180度，使兩腿成右弓步，同時雙鑿隨身勢左轉，然後，左鑿刺於前方，手心向下，鑿刃向前，右鑿上架頭上右側，手心向左，鑿刃向前，目視前方。（圖26）

圖25

22. 飛鑿射敵

兩腳為軸，體右移180度，右腳離地收回半步，左腳離地後抬成獨立勢，同時右鑿甩手射向前下方插入地面，左鑿上架於頭上左前方，手心向右，鑿刃斜向前，目視前下方。（圖27）

圖26

圖 27

圖 28

23. 飛身取寶

上身左轉 90 度，向右側箭起倒立，右手抓鑿把，兩腿向上飛起，雙腳心向上，兩腿分開，左手握鑿外展，鑿刃斜向外，目視右手。（圖 28）

24. 烏龍進洞

雙腳向右側落地，兩腿成左弓步，同時雙鑿隨身勢翻轉，左鑿扎於左下側方，手心斜向下，鑿刃向下，右鑿屈肘換把架於右側方，手心向前，鑿刃向左，身向左傾，目視左側。（圖 29）

25. 順風舉旗

兩腳為軸，體左轉 135 度，左腳離地收回半步，抬右腳上步與左腳併攏站立，同時右鑿由後向前扎刺，手心斜向下，鑿刃斜向前，左鑿上舉於頭上左側，手心向左，鑿刃向上，目視前方。（圖 30）

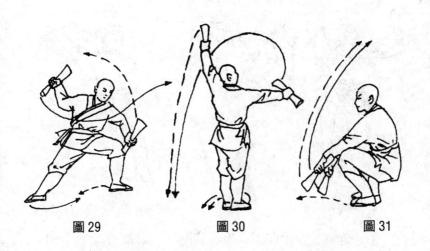

圖 29　　　　　　圖 30　　　　　　圖 31

26. 蹲身下鑽

　　兩腳為軸，體左轉 135 度，兩腳成併步，屈膝全蹲，同時雙鑿由上向下扎點，手心斜向後，鑿刃向下，目視前下方。（圖 31）

27. 虛步迎敵

　　起身，左腳離地前移半步，使兩腿成為虛步，同時雙鑿由前下方向上挑撥架於頭前上方兩側，兩手心相對，鑿刃向前，目視前方。（圖 32）

28. 白鶴亮翅

　　抬右腳前上步，落於左腳前，兩腳為軸，體左轉 90 度，提左腳成獨立勢，同時雙鑿向右側方捅扎，右手

圖 32

圖33   圖34   圖35

在上手心向前，左手在下，手心斜向後，兩鏨刃斜向右，目
視右側。（圖33）

29. 旋轉風雷

右腳離地向左上方旋踢，體左轉90度，同時左鏨挾於
右腋下，當全身騰空時，速出左掌由左向右拍擊右腳掌內
側，右鏨架於頭前上側，手心向左，鏨刃向前，目視右腳。
（圖34）

30. 丹鳳落山

雙腳前後落地，同時左手在右腋下接鏨，屈肘護胸前，
手心向內，鏨刃向下，右鏨捅扎於前方，手心向左，鏨刃向
前，目視前方。（圖35）

31. 巧女紉針

抬左腳落於右腳後，兩腳為軸，體左轉180度，抬右腿
成獨立勢，同時左鏨回手反扎於前方，手心向右，鏨刃斜向

圖 36　　　　　　圖 37　　　　　　圖 38

前，右鑿回手下撥扎於身前右膝外側，手心向左，鑿刃向下，目視前方。（圖 36）

32. 金雞餐眼

右腳在前半步下落，抬左腳成獨立勢，同時，右鑿由下向前方挑扎，手心向左，鑿刃向前，左鑿由前向左下側撩刺，手心向右，鑿刃向下，目視前方。（圖 37）

收招歸原

左腳落地為軸，體左轉 90 度，抬右腳與左腳併攏，兩足八字站立；兩鑿下垂於兩大腿外側，手心向內，鑿刃向下，目視前方。（圖 38）

二、少林護手鉞

（一）少林護手鉞簡介

遠古時鉞為長把。到宋代，福居禪師為便於弟子們雲遊募化，隨身攜帶，把它縮小為短把小巧鉞，可以包在包裡，隨身儲藏掩蓋，使人不注意，並研練出護手36鉞。後元代智安、智聚；明代悟雷、洪榮、道時；清代祖月、靜雲、真靈、如淨等精意研練，使之逐漸增至48招，相傳至今。

少林護手鉞，是小巧輕便適於攜帶的稀奇兵器。可以防身護體，抵擋盜賊和突然襲擊歹徒的兵器，也是得心應手的護手奇寶。

少林護手鉞的主要技法有：劈切、擦磨、擋遮、撥架、推甩、挑撩、鉤掛等。

祖月法師曰：

護手雙鉞藏身邊，防身護體太方便。

行腳若遇惡歹徒，當即懲治忘情面。

雙鉞走開只一陣，群賊倒地面朝天。

學會此藝做好事，永為少林增光艷。

1. 歌　訣

手使鴛鴦護手鉞，玄功妙法難說全。

旋轉風雷天庭上，秋兒救母把山砍。

金剛朝祖佛玉敬，大仙敞開門兩扇。

上仙寶池金錢撒，子牙釣魚在河邊。

快利迎風斬斷草，青龍駕雲旋上天。

進山打虎童子腿，羅漢水邊把海觀。

水底撈月去取寶，仙女散花坐下盤。

左右雙鉞撩劈打，大雁展翅飛騰遠。

毒蟲鑽肚火燒天，推動舟船水上趕。

翼德衝陣氣力猛，敗陣回頭把虎斬。

童子深山把藥採，由基拉開弓一盤。

天王托塔反陳塘，子牙斬將封神安。

楊戩趕日肩擔山，單腿望敵站高山。

太子遊玩下海泉，插花蓋頂撈月圓。

喜雀旋轉團團圈，風捲雲頭一溜煙。

紫燕鑽雲空中起，雷電交加旋九天。

周處下海惡龍斬，驅犬展旗回嵩山。

護手雙鉞實難練，驚天藝業少林傳。

2. 動作順序

　　起勢、雷公飛天、陳香劈山、羅漢拜佛、仙人敞門、劉海撒錢、太公釣魚、迎風斷草、龍旋天邊、打虎進山、千斤一根、金剛觀海、探海取珠、仙女栽花、左右撩劈、金雕展翅、白蛇鑽腸、舉火燒天、順水推舟、張飛闖營、撤步誘敵、弓身斬虎、仙童採藥、由基射箭、李靖托塔、太公斬將、二郎擔山、獨立觀陣、哪吒鬧海、插花蓋頂、鳳凰旋窩、倒捲殘雲、烏龍進洞、白蛇入洞、童子拜佛、燕子鑽雲、仙人脫鞋、紫燕鑽雲、風捲霹雷、海下斬蛟、張仙打犬、擺旗回營、收招歸原。

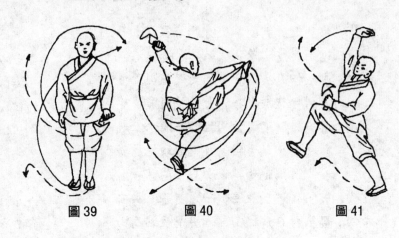

圖 39　　　　　　　圖 40　　　　　　　圖 41

（二）少林護手鉞套路圖解

起　勢

　　足立八字，身胸挺直，左手握雙鉞緊靠左大腿外側，鉞刃向下，右掌緊貼右大腿外側，掌心向裡，掌指向下，目視前方。（圖 39）

1. 雷公飛天

　　雙腳向右旋跳，體右轉 270 度，當全身騰空時，右腳盡力向右上方彈擺，速出右掌，由右向左拍擊右腳面，左鉞同時上展於頭後左側，手心向左，鉞刃向上，目視右腳。（圖 40）

2. 陳香劈山

　　兩腳前後相距一步落地，兩腳為軸，身體右轉 180 度，使兩腿成右弓步，同時左鉞隨身勢，由後向前環弧撩劈，手

圖 42　　　　　圖 43　　　　　圖 44

心向右，鉞刃向前，右掌上架於頭上前方，掌心斜向上，掌指斜向後，目視前方。（圖 41）

3. 羅漢拜佛

提左腳成獨立勢，同時雙手在胸前上方相接捧鉞，兩手心斜相對，右手在上，左手在下，目視前方。（圖 42）

4. 仙人敞門

左腳在後一步落地，兩腳為軸，體左轉 90 度，使兩腿變成左弓步，同時雙手分開雙鉞，緊握手中，由胸前向左右兩側，猛力展開，兩手心向前，鉞刃向外，目視前方。（圖 43）

5. 劉海撒錢

兩腳碾地，體左轉 180 度。抬右腳落於左腳內側一步，使兩腿變成高馬步，同時兩鉞由右向左經兩側環弧擺展，兩手心斜向前，鉞刃向外，目視右前方（圖 44）；兩腳為

圖 45　　　　　圖 46　　　　　圖 47

軸，體右轉 135 度，抬左腳前上一步落地變為半馬步，同時雙鉞由左向右經兩側環弧，擺展於前後兩側，兩手心斜向前，鉞刃向外，目視右前方。（圖 45）

6. 太公釣魚

兩腳為軸，體左轉 135 度，抬右腳落於左腳內前側站立，左腿向左提膝，成獨立勢，同時右鉞隨身勢向上環弧，然後劈於右側下方，手心斜向下，鉞刃向右，左鉞架於頭上前方，手心斜向後，鉞刃向上，目視右下方。（圖 46）

7. 迎風斷草

右腳為軸向右轉體 90 度，左腳前上一步落地站立，右腳在後離地抬起，同時左鉞由後向前直臂劈砍，手心向右，鉞刃向前，右鉞上架頭上右後側，手心斜向前，鉞刃向上，目視前方。（圖 47）

上動不停，右腳前上一步落地為軸，體左轉 90 度，左

圖48　　　　　　圖49　　　　　　圖50

腳離地抬起成獨立勢，同時右鉞由上向下環半弧推向右側方，手心向前，鉞刃向右，左鉞上撩，架於頭上左側，手心向前，鉞刃向上，目視右前方。（圖48）

8. 龍旋天邊

左腳在左側一步下落點地，雙腳迅速離地向左旋跳，體左旋270度，右腳落地站立，左腳擺於身後不落地，同時雙鉞隨身勢，由右向左在頭上旋轉一圈，然後左鉞在前，右鉞在後，展於頭上前後兩側，兩手心向外，鉞刃向上，目視前方。（圖49）

9. 打虎進山

左腳在後一步落地，兩腳碾地，體左轉180度，使兩腿成左弓步，同時右鉞由後向前推劈於前下方，手心向左，鉞刃向前，左鉞上架於頭上前方，手心向右，鉞刃向上，目視前方。（圖50）

10. 千斤一根

左腿站立，右腿抬起向前方彈踢，同時雙鉞由前向後鉤掛撩劈，兩手心相對，鉞刃向後，目視前方。（圖51）

圖 51

11. 金剛觀海

右腳在前方半步下落，左腿抬起向前彈踢，同時雙鉞由後向前，挑架於頭上前兩側，手心相對，鉞刃向上，目視前方。（圖52）

圖 52

12. 探海取珠

左腳在前方下落，右腿離地後抬，身向前探，同時雙鉞由上向前直臂劈切，兩手心相對，鉞刃向下，目視前下方。（圖53）

13. 仙女栽花

右腳落於左腳前半步，兩腳碾地，體左轉90度，抬左腳落於右腳後外側半步，使兩腿成歇步，同時右鉞切於

圖 53

28

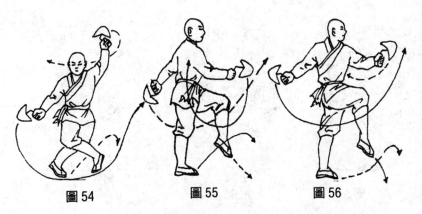

圖54　　　　圖55　　　　圖56

右下側，手心向前，鉞刃斜向右，左鉞上架於頭前左上側，手心向前，鉞刃向上，目視前方。（圖54）

14. 左右撩劈

兩腳為軸向左轉體90度，提左腿成獨立勢，同時雙鉞由上向左旋轉，環弧撩劈，右鉞在前，手心向左，左鉞在後，手心向右，兩鉞刃斜向外，目視前方。（圖55）

上動不停，左腳在前一步下落，右腿抬起成獨立勢，同時雙鉞由左向右旋轉撩劈，左鉞在前，手心向右，右鉞在後，手心向左，兩鉞刃斜向外，目視前方。（圖56）

15. 金雕展翅

右腳在前方一步落地，左腿提膝成獨立勢，同時左鉞由前向後下方甩劈，手心向右，鉞刃斜向後，右鉞由後向前上挑撩，手心向左，鉞刃斜向前，目視前下方。（圖57）

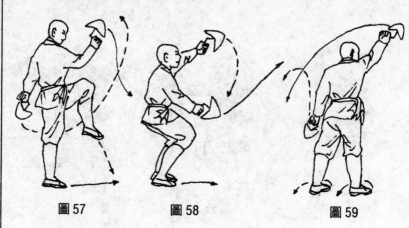

圖 57　　　　　圖 58　　　　　　　圖 59

16. 白蛇鑽腸

左腳在前方一步落地，抬右腳前上與左腳併步，屈膝下蹲，同時右鉞由上向前下方劈切，手心斜向左，鉞刃斜向下，左鉞由後向前擦撩於左前左側，手心向右，鉞刃向上，目視前方。（圖 58）

17. 舉火燒天

抬右腳前上半步站立，身向前傾，同時右鉞由後向前上方推撩，手心斜向上，鉞刃斜向前，左鉞由上向下鉤掛於左下側，手心斜向內，鉞刃斜向下，目視前上方。（圖 59）

18. 順水推舟

兩腳為軸向左轉 180 度，使兩腿成為左弓步，同時左鉞由下向外撥擋，推向前方，手心向右，鉞刃向前，右鉞由上鉤掛下劈，護於右肋外前側，手心向內，鉞刃向前，目視前方。（圖 60）

圖 60

圖 61

19. 張飛闖營

抬右腳前上一步，使兩腿成右弓步，同時右鉞由後向前推劈，手心向左，鉞刃向前，左鉞由前屈肘後掛，護於左肋外前側，手心向內，鉞刃斜向前，目視前方。（圖61）

圖 62

20. 撤步誘敵

雙腳為軸，體左轉90度，使兩腿變成左弓步，同時雙鉞斜展，右鉞在右，高與胯平，手心向前，鉞刃斜向下，左鉞在左，高超過頭，手心向前，鉞刃斜向上，目視右側。（圖62）

21. 弓身斬虎

兩腳為軸，體右轉90度，兩腿變成右弓步，同時右鉞由下向上，挑架於頭前上方，手心向左，鉞刃向前，左鉞由

後向前猛力劈切於身前下方，
手心向右，鉞刃斜向下，目視
前下方。（圖63）

圖63

22. 仙童採藥

　　兩腳碾地，體左轉180
度，收左腳變為虛步，同時
雙鉞隨身勢，向上、下兩側
環弧，然後下切於身前兩下
側，兩手心相對，鉞刃斜向
下，目視前下方。（圖64）

23. 由基射箭

　　抬左腳前上半步落地，使
兩腿變成左弓步，上體左轉，
右鉞由下向上架於頭上右側，
手心向左，鉞刃向上，左鉞由
前向左後側方推劈，手心向
左，鉞刃向後，目視左後方。
（圖65）

圖64

24. 李靖托塔

　　抬右腳向前落於左腳前外
側半步，兩腳為軸，體左轉
90度，抬左腳落於右腳後外
側半步，使兩腿成插步，同

圖65

時雙鉞由左向右撥撩橫擺，兩手心斜向外，鉞刃向上，目視右側雙鉞。（圖66）

25. 太公斬將

抬右腳落於左腳外側一步，兩腳為軸，體右轉90度，左腳離地抬起與右腳併攏站立，同時兩鉞經左側，向下環弧擦磨，然後撩劈於身前，右鉞在下，手心向左，左鉞在上護於胸前，手心向右，兩鉞刃斜向前，目視前下方。（圖67）

26. 二郎擔山

抬左腳向後退一步，兩腳為軸左轉90度，使兩腿成為左弓步，同時雙鉞收回身前向兩側外展擋遮，兩鉞高與頭平，手心向前，鉞刃向外，目視左前方。（圖68）

27. 獨立觀陣

兩腳為軸，體左轉90度，提左腿成獨立勢，同時雙

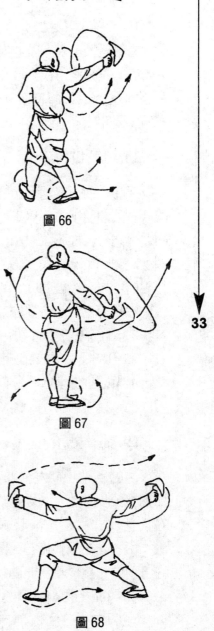

圖66

圖67

圖68

鉞由右向左旋轉撥挑,右鉞挑於身前,屈肘護於胸前,手心向左,鉞刃向前,左鉞撥甩於身後左上側,手心向左,鉞刃斜向上,目視前方。(圖69)

圖69

28. 哪吒鬧海

左腳在前方落地,右腳後抬,同時右鉞向前下方直劈下切,手心向左,鉞刃斜向下,左鉞由後架於頭上左側,手心向左,鉞刃向上,目視前下方。(圖70)

右腳前上一步,左腳後抬,同時左鉞由上向前下劈切,手心向右,鉞刃向下,右鉞由前向後環弧,上架頭上右側,手心向右,鉞刃向上,目視前方。(圖71)

圖70

29. 插花蓋頂

右腳為軸,體左轉35度,左腳前上一步點地,兩腳起跳,左腳在前落成左弓步,同時右鉞在頭上,由右向左環弧旋轉一圈,左鉞在身前向左旋轉環弧一圈,然後兩鉞雙架於頭上兩側,兩手心斜向外,鉞刃向上,目視前方。(圖

圖71

圖72

圖73

35

圖74

72）

　　兩腳向前方踮跳一步，落地成左弓步，同時雙鉞在頭上由右向左旋轉一圈，仍架於頭上兩側不變，目視前方。（圖73）

　　兩腳碾地，體右轉90度，兩腳向前踮跳半步，兩腿成右弓步，同時雙鉞在頭上，由左向右旋轉一圈，架於頭上兩側，兩手心向外，鉞刃向上，目視前方。（圖74）

　　雙腳向前踮跳一步，兩腿仍落成右弓步，同時雙鉞在頭上由左向右旋轉一圈，架於頭上兩側，兩手心向外，鉞刃斜向上，目視前方。（圖75）

圖75

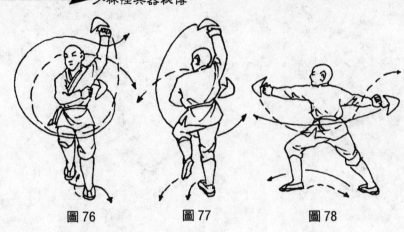

圖76　　　　圖77　　　　圖78

30. 鳳凰旋窩

　　兩腳為軸向左轉體 45 度，右腳內收半步點地，雙足向左彈跳，左腿站立，右腳提起，成獨立勢，同時雙鉞在身前，由右向左環弧，然後斜架於左側方，左鉞在頭上左側，手心向前，鉞刃向上，右鉞護於左肋外側，手心向後，鉞刃向左，目視右前方。（圖76）

31. 倒捲殘雲

　　左腳為軸，體右轉 180 度，右腳在左腳內側半步下落，抬左腳成獨立勢，同時雙鉞隨身勢環弧擦磨一圈，然後右鉞上架頭上，手心向前，鉞刃向上，左鉞屈肘護於右肋外側，手心向內，鉞刃向外，目視左前方。（圖77）

32. 烏龍進洞

　　左腳在左側一步下落，兩腳為軸體左轉 90 度，使兩腿成左弓步，同時左鉞由後向前擺劈，手心向右，鉞刃向前，

右鉞由上向後鈎掛甩劈，手心向左，鉞刃向後，兩鉞前後高與肩平，目視前方。（圖78）

33. 白蛇入洞

左腳離地後退半步，右腳離地前上一步，使兩腿成右弓步，同時右鉞由後向前推擋切劈，手心向左，鉞刃向前，左鉞向後鈎掛撩甩，手心向右，鉞刃向後，目視前方。（圖79）

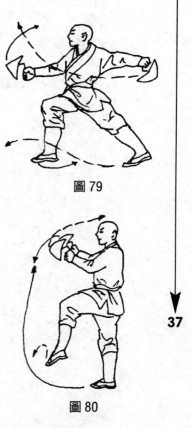

圖79

34. 童子拜佛

右腳離地後移站立，抬左腳提膝成獨立勢，同時雙鉞由前後兩側屈肘上拱於胸前，兩手心斜相對，雙鉞刃斜向前，目視前方。（圖80）

圖80

35. 燕子鑽雲

右腳離地跳起，向前上方彈踢，當全身騰空時（同時雙鉞合併交於左手），出右掌由上拍擊右腳面（響亮），左鉞上架於頭上左後側，手心向外，鉞刃向上，目視前方右腳。（圖81）

圖81

36. 仙人脫鞋

兩腳前後落地，左腳迅速離地向後踹踢，同時右掌由上向後拍擊左腳掌內側，左鉞上架頭上左側，手心向右，刀刃向上，目視前右側。（圖82）

圖 82

37. 紫燕鑽雲

左腳不落地，右腳離地向前上方彈踢，當全身騰空時，速出右掌由上向下拍擊右腳面（響亮），左鉞上架頭上左後側，手心向外，鉞刃斜向外，目視右腳。（圖83）

圖 83

38. 風緙霹雷

兩腳前後落地，迅速離地向左旋踢，體左轉360度，同時左鉞交於右手，當全身騰空時，速出左掌由左向右，拍擊右腳掌內側，右鉞上架於頭上右後側，手心向外，鉞刃向上，目視右腳。（圖84）

圖 84

38

39. 海下斬蛟

雙腳前後相距一步落地，兩腳為軸向左轉體 180 度，兩腿變成大跪步，同時雙鉞分開，右鉞由上劈切於襠前右側，手心向內，鉞刃向下，左鉞上架頭上前左側，手心斜向右，鉞刃向上，目視前方。（圖 85）

圖 85

40. 張仙打犬

右腳在後方離地上抬，左鉞由上向下切劈，手心向右，鉞刃斜向下，右鉞由下向上，撩架於頭上右側，手心向外，鉞刃向上，目視前下方。（圖 86）

圖 86

39

41. 擺旗回營

右腳向前與左腳併攏站立，兩腳為軸體右轉 90 度，雙鉞由兩側合併於左側方，兩手心斜相對，鉞刃向外，目視前方。（圖 87）

圖 87

圖 88

收招歸原

　　兩足八字站立，身胸挺直，左鉞下垂於左大腿外側，手心斜向內，鉞刃向下，右掌貼右大腿外側，掌心向內，掌指向下，目視前方。（圖 88）

三、少林月牙刀

（一）少林月牙刀簡介

月牙刀形似月牙，刀似鍘刀。唐代即有鍘刀，民間作鍘草的農具，醫藥界可以作切藥之用。宋代傳入少林寺，經寺僧研練後，逐漸改製成輕便短小的鋒利鍘刀，因形如月牙故而取名少林月牙刀。

它原有 18 招，經明代本整、周福、洪榮、廣順、宗鄉等研練增至 24 招。後又經清代真珠、海參、湛舉、寂聚、寂亭、淳錦、淳密等高僧研練增至 36 招，相傳由清末貞秋大和尚流傳至今。

少林月牙刀利刃吹毛斷髮，能破長槍杆棍和匕首、刀劍等。少林月牙刀難招難拿，有四尖三刃，難以練習，秘不外傳，是防身護體的奇寶，看守寺院的好武器，也是雲遊募化，懲治歹徒賊人的得力武器。

少林月牙刀的主要技法有：切、劈、推、擦、砍、刺、鉤、磨、掛、架、撥、挑、撩等。對遠處之敵也可以撒手飛出，斬傷敵人。

貞秋大師曰：

> 月牙刀法先師傳，四尖鋒刃難學練。
>
> 招法到有三十六，上下翻飛敵膽寒。
>
> 近遇敵手不害怕，能擋長槍和短劍。
>
> 若遇惡賊想逃跑，把手撒開敵傷殘。

1. 歌　訣

月牙銚刀是秘傳，吹毛利刃鋒又尖。
雙手掄開敵膽寒，上下左右敵難沾。
能拿長槍和杆棍，能擋匕首和刀劍。
近敵對手可拼搏，遠戰強敵撒手斬。
前走雙龍斗寶珠，後走二虎齊登盤。
左走雙鳳把窩奪，右走雙熊滾連翻。
上走二鶴團團轉，下走二蛇互盤旋。
走過六六三十六，強敵敗走一溜煙。
此物鋒利實難練，古剎內外很罕見。
忠實善良繼此藝，刁奸狠毒難學全。
好人學來懲惡歹，壞人學去惹禍端。
仗技欺人做歹事，跟蹤鏟除不容寬。
善者生存惡者廢，方顯少林戒規嚴。

2. 動作順序

起勢、金雞展翅、白鶴亮翅、坐馬切刀、仆地遊龍、獨龍入洞、商羊登枝、貢公撞山、張仙騎驢、仙姑飛起、拐李出山、純陽醉酒、鍾離擺扇、國舅過河、彩和挎籃、湘子舉笛、紫燕投林、白鶴亮翅、海底撈月、羅漢碰碑、野馬打戰、鯉魚打挺、探海取珠、力士觀天、鴿子翻身、大仙敞門、收招歸原。

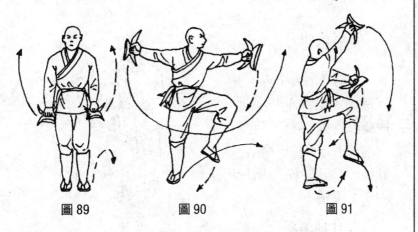

圖89　　　　　　圖90　　　　　　圖91

（二）少林月牙刀套路圖解

起 勢

足立八字，身胸挺直，雙手握刀下垂於兩大腿外側前方，手心向後，刀刃向下，目視前方。（圖89）

1. 金雞展翅

抬左腿提膝成獨立勢，同時雙刀由兩下側，向兩上側直臂外展，手心向前，刀刃向外，目視左刀。（圖90）

2. 白鶴亮翅

左腳下落為軸，體左轉90度，提右腿成獨立勢，同時右刀由後下落，經右側環弧上挑於頭上前右側，手心向左，刀刃斜向前，左刀由前下鉤，掛於左前下側，手心向右，刀刃斜向前，目視前下方。（圖91）

3.坐馬切刀

右腳在前方下落，兩腳為軸，左轉45度，使兩腿成馬步，同時雙刀由上向前下方切按，兩手心向後，刀刃向下，目視兩刀。（圖92）

圖 92

4. 仆地遊龍

雙腳向右旋跳，體右轉135度，使兩腿成高仆步，同時雙刀隨身勢右旋，按切於兩側下方，手心向前；刀刃斜向下，目視前方。（圖93）

圖 93

5. 獨龍入洞

右腳尖內旋，體左轉90度，重心前移，成為左弓步，同時左刀向前方推切，手心向右，刀刃斜向下，右刀屈肘護於右腰外側，手心向內，刀刃斜向下，目視前方。（圖94）

圖 94

6. 商羊登枝

抬右腳上半步，落於左腳後半步，兩腳為軸，向右轉體270度，提左膝成獨立勢，同時雙刀隨身勢右轉，右刀推於右側方，手心向前，刀刃向右，左刀上架頭上前方，手心向前，刀刃斜向右，目視右側。（圖95）

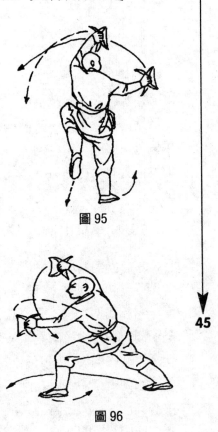

圖 95

7. 貢公撞山

左腳在左側一步下落，兩腳為軸，體左轉90度，身向前探，同時雙刀由後向前推劈，手心斜向下，刀刃斜向前，目視前方。（圖96）

圖 96

45

8. 張仙騎驢

抬右腳前上一步落地，兩腳碾地，體左轉90度，使兩腿變成馬步，同時雙刀由右向左側下切，兩手心斜相對，刀刃斜向下，目視前方。（圖97）

圖 97

9. 仙姑飛起

　　兩腳為軸，體右轉 90
度，左腳在後方離地抬起，
同時雙刀由後下方，向前後
兩側直劈展開，手心向左，
刀刃向外，目視前方。（圖
98）

圖 98

10. 拐李出山

　　左腳向前落於右腳前，
兩腳為軸，向右轉體 90
度，右腳離地抬起，成獨立
勢，同時左刀由後向左側按
切，手心斜向後，刀刃斜向
下，右刀上架頭上前右側，
手心向前，刀刃斜向上，目
視左前側。（圖 99）

圖 99

11. 純陽醉酒

　　左腳為軸，體轉 90
度，右腳在前方半步下落，
兩腿成虛步，同時兩刀翻腕
下切於身前下方，兩手心向
下，刀刃斜向前，目視前
方。（圖 100）

圖 100

12. 鍾離擺扇

右腳抬起後移震腳落地，抬左腳前上一步下落，使兩腿成左弓步，同時右刀下鉤，屈肘護於右肋外側，手心向內，刀刃斜向前，左心由後向前擺擦，手心向右，刀刃向前，目視前方。（圖101）

圖101

13. 國舅過河

兩腳為軸，體右轉180度，使兩腿變成右弓步，同時兩刀收於胸前，然後直臂展於前後兩側，手心斜向左，兩刀刃向外，目視前方。（圖102）

圖102

14. 彩和挎籃

右腳尖外旋，左膝提起成獨立勢，同時左刀由後經左側，向前屈肘上挑，手心向右，刀刃向前，右刀由前向右下側鉤掛，手心向內，刀刃向下，目視前方。（圖103）

左刀由前迅速向下鉤掛，手心向內，刀刃向下，右刀由下

圖103

向前屈肘下挑，手心向左，刀刃斜向前，目視前方。（圖104）

圖104

15. 湘子舉笛

左腳在前下落，右腿提起離地，同時左刀由下向上屈肘上撩，手心向左，刀刃斜向內，右刀由前向下，鉤掛於身後下側，手心斜向前，刀刃向下，目視前右側。（圖105）

右腳在前方一步下落，左腳在後離地提起，同時右刀由後向前屈肘環弧撩於前方，手心向右，刀刃斜向後，左刀由前向下旋腕後擺，手心向右，刀刃向後，目視左後方。（圖106）

圖105

16. 紫燕投林

左腳前上一步落地，右腳離地後扒，同時左刀由後向前推切，手心向右，刀刃向前，右刀由前鉤掛於身後右側，手心向後，刀刃向下，目視前方。（圖107）

17. 白鶴亮翅

左腳尖外旋，抬右腿向前彈

圖106

圖 107

圖 108

踢，同時雙刀在胸前交插環
弧，然後雙方直臂外展，手心
向左，刀刃向外，目視前左
方。（圖108）

　右腳落地為軸，體左轉180
度，左腳抬起向前彈踢，同時
雙刀收於胸前交插，再向兩側
直臂外展，手心斜向右，刀刃
向外，目視前方。（圖109）

圖 109

18. 海底撈月

　左腳在前方下落，兩腿屈膝
成高跪步，同時右刀由後向前
下方斜砍，手心向左，刀刃斜
向前，左手由前環弧挑架於頭
前左上側，手心向右，刀刃向
上，目視前方。（圖110）

圖 110

49

19. 羅漢碰碑

右足離地向前下落，左腳抬起向前一步落地，兩腳為軸，向右轉體180度，同時，雙刀由後經向左側前推切，兩手心斜向下，刀刃向前，目視前方。（圖111）

圖111

兩腳碾地，體左轉180度，使兩腿成左弓步，同時雙刀由後方經右側向前雙推，兩手心斜向下，刀刃向前，目視前方。（圖112）

圖112

20. 野馬打戰

雙腳離地，向前上方屈膝彈抬，身向後仰倒地，同時雙刀隨身勢，向後撩於頭前斜方，兩手心斜相對，刀刃斜向前上方，目視雙刀。（圖113）

圖113

雙腳伸直；同時雙刀直臂推於胸前，兩手心斜相對，刀刃斜向前上方，目視雙刀。（圖114）

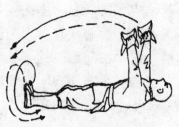

圖114

50

21. 鯉魚打挺

雙腳屈膝猛力蹬地,身向前挺起站立,同時雙刀由後向前猛力推劈,兩手心斜相對,刀刃向前,目視前方。(圖115)

22. 探海取珠

右腳離地前移站立,左腿離地後翹,身向前探,前後成平勢,同時雙刀由後向前下方猛力劈砍,兩手心斜向下,刀刃斜向下,目視雙刀。(圖116)

23. 力士觀天

左腳在右腳後落地站立,右腳抬起向前方彈踢,身向後仰,同時雙刀由前向後,擦磨展開,落於頭後兩側,手心斜向上,刀刃斜向後,目視前上方。(圖117)

24. 鴿子翻身

左腳為軸,體左轉180度,左腿站立,右腿仍然不落

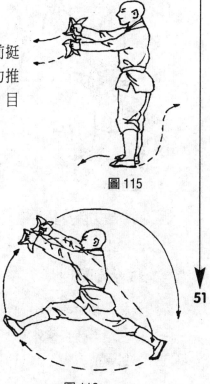

圖115

圖116

圖117

51

圖118 　　　　　　　　圖119 　　　　　　　　圖120

地，同時雙刀隨身勢左轉，直臂展於兩側上方，手心向左，刀刃向外，目視前左側。（圖118）

25. 大仙敞門

右腳在後下落，兩腳為軸，向右轉體90度，同時雙刀由左向右環半弧直臂外展，兩刀高與肩平，手心向前，刀刃向外，目視前方。（圖119）

收招歸原

兩腳同時後退半步併攏，足立八字，身胸挺直，雙刀下垂於兩大腿外側，手心向後，刀刃向下，目視前方。（圖120）

少林弟子梁振興講：

少林月牙四尖刀，三刃鋒利敵難招。

任你對手雖勇猛，難抓難拿又難撈。

諸般兵器開得出，驚魂動魂驅邪妖。

少林自古存藝業，月牙寶刀護身好。

四、少林天罡劈水扇

（一）少林天罡劈水扇簡介

據神話故事傳說，扇遠於老子，他造出扇子，為搧爐煉丹所用。相傳漢代的八仙之一漢鍾離會用此扇。後歷經數個朝代傳至宋代少林寺，經福居禪師收集眾藝，成為少林傳宗之寶，以後經元明清各代高僧子安、了改、了真、廣順、清蓮、精修、真靈等精心研練，有 36 招，後經清末如淨法師數十年苦修，使之增至 42 招相傳至今。

天罡扇攜帶方便，既能防身自衛，又能練武健體，天熱可以搧風解暑，驅趕蚊蟲；也可遮擋盜賊歹徒的暗器，是僧人得心應手的護身奇寶。

少林天罡扇的主要技法有：劈、點、崩、挑、拍、削、架、撩等。

如淨法師曰：

> 天罡劈水電光扇，古寺內外隨身轉。
>
> 閒時掃塵趕蚊蟲，扇風祛暑熱變寒。
>
> 若遇賊盜來襲擊，遮前擋後護八面。
>
> 單手一揮天地旋，群賊害怕四下散。

素法武師曰：

> 少林大師傳扇宗，內裡奧妙有玄功。
>
> 擅點穴道三十六，三百六十五骨髓。
>
> 上三下四敵害怕，左五右六敵發愣。
>
> 電光寶扇只一展，千軍萬馬影無蹤。

1. 歌　訣

手托琵琶抱懷中，金剛抱瓶舉在空。

單手抓劍撥出鞘，大仙引路心內明。

順風掃葉扇一擺，葉底藏花快如風。

青龍弓身去探海，鳳凰落山展翅鳴。

鴿子翻身猛回頭，插花蓋頂抓天空。

呼風換雨雙手擺，旋動乾坤一陣風。

大鵬展翅雙飛起，風擺荷花一掃平。

子牙傳令三軍動，禹王插針大海中。

霹雷閃電空中響，聞仲托鞭舉在空。

行人舉步提衣衫，仙人栽瓜忙不停。

獅子搖頭大擺尾，回身衝破敵陣營。

廣文頭圍高山下，神仙展幡無影蹤。

子胥獨擋西秦兵，烏龍鑽進古洞中。

大仙望海水邊站，羅剎擺動扇一宗。

純陽單手穿寶劍，太公斬將把神封。

伯令排兵戰王剪，扇動天地日月蒙。

懷抱弦琴收招住，轉動身形回山峰。

少林古寺傳宗寶，留給弟子下苦功。

2. 動作順序

起勢、魁星抱斗、拔刀出鞘、仙人指路、順風掃葉、葉底藏花、夜叉探海、金雞落山、豹子翻山、摘月換斗、龍王播雨、旋轉乾坤、鳳凰展翅、風掃梅花、太公搖旗、大禹定海、旋繞風雷、太師托鞭、行步撩衣、仙人栽豆、青龍擺

尾、回身破陣、蘇秦揹劍、迎風招展、伍員托槍、白蛇入
洞、鍾離觀海、公主揮扇、洞賓穿劍、子牙斬將、孫臏排
兵、扇轉乾坤、懷抱琵琶、收招歸原。

（二）少林天罡劈水扇套路圖解

起　勢

雙足併步站立，身胸挺直，
左手屈肘握扇把，護於胸前，
手心向裡，扇頭斜向上，右掌
貼大腿外側，掌心向裡。掌指
向下，目視前方。（圖121）

圖121

1. 魁星抱斗

抬右腳離地，成獨立勢，右
掌屈肘在胸前，接扇把，掌心
向內，扇頭斜向上，左掌屈肘
護於右掌上側，掌心向內，掌
指斜向上，目視前方。（圖
122）

2. 拔刀出鞘

右腳向右側橫跨一步下落，
使兩腿成橫弓步，同時右扇向
右側後拉，掌心向後，扇頭斜
向下，左掌變劍指屈肘收護於

圖122

襠前，掌心向內，二指斜向
下，目視左側。（圖123）

3. 仙人指路

　　兩腳為軸，體左轉90
度，右腳離地前移半步，使
兩腿變成左虛步，同時右扇由
後向前點擊，手心向下，扇頭
向前，左劍指環弧上展於左後
側，掌心斜向外，掌指向上，
目視前方。（圖124）

圖123

4. 順風掃葉

　　抬右腳向前上一步，變成
右弓步，同時右扇向後上環
弧，然後撩掃挑於前下方，手
心向左，扇頭向上，左劍指斜
展於左右上側，手心斜向左，
指尖斜向後，目視前方。（圖
125）

圖124

5. 葉底藏花

　　抬左腳前移一步站立，右
腳離地向前彈踢，同時右扇由
前向左，斜掃於左腋下，手心
斜向下，扇頭向後，同時左劍

圖125

指由後向前，展挑於頭前左
上側，手心斜向前，指尖斜
向上，目視前方。（圖
126）

6. 夜叉探海

右腳在前方下落，左腳
離地後抬，身向前探；同時
右扇由左後方，向前下方劈
擊，手心向下，扇頭向前，
左劍指由前上方環弧後展於
左後上側，手心向後，指尖
斜向上；目視前下方。（圖
127）

7. 金雞落山

左腳在前方一步落地為
軸，體右轉 90 度，抬右腳
落於左腳後外側半步，使兩
腿全蹲成歇步，同時右扇隨
身勢在胸前環弧左掃，手心
向後，扇頭斜向左，左劍指
斜展於左側上方，手心向
前，指尖向上，目視前方。
（圖 128）

圖 126

圖 127

57

圖 128

8. 豹子翻山

起身雙腳向右旋跳 180 度，雙腳相距一步下落，使兩腿成為左仆步，同時右扇隨身勢，在身前環弧，劈於襠前左側，手心向下，扇頭向左，左劍指展於左側斜上方，手心斜向左，指尖向上，目視左前方。（圖 129）

圖 129

9. 摘月換斗

抬左腳提膝成獨立勢，同時右扇由左下側向右上方斜舉上衝，手心向前，扇頭向上，左劍指屈肘護於右肋前外側，手心向外，指尖斜向上，目視前左側。（圖 130）

圖 130

10. 龍王播雨

右腳為軸，體左轉 90 度，左腳在前方下落站立，抬右腿向前提膝成獨立勢，同時右扇由後向下，經右側環弧向前挑點，手心向左，扇頭向前，左劍指層肘護於身前，手心向後，指尖向上，目視前方。（圖 131）

圖 131

11. 旋轉乾坤

右腳在前一步下落，抬左腳
向前提腿成獨立勢，同時右扇在
前環弧外展，手心向左，扇頭向
前，左劍指護於右手腕上側，手
心斜向前，指尖向上，目視前
方。（圖132）

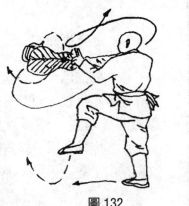

圖132

12. 鳳凰展翅

左腳在前一步下落，右腳離
地前移一步落地，左腳迅速離地
抬起，成獨立勢，同時右扇隨身
勢，在右側環弧輪轉，然後展於
身後右上側，手心向外，扇頭斜
向上，左劍指展於頭前上方，手
心向前，指尖向上，目視左前
側。（圖133）

圖133

13. 風掃梅花

左腳在前方一步落地，右腳
跟離地，變成右跪步，同時右扇
由上向前下方掃劈，手心向下，
扇頭向前，左劍指屈肘護於頭前
上側，手心向前，指尖向上，目
視前方。（圖134）

圖134

14. 太公搖旗

抬右腳向前一步下落，左腳在後離地提起，同時右扇在前方向外環弧，外展於前上方，手心向外，扇頭斜向前，左劍指由上向前下點，手心向下，指尖斜向前，目視前方（圖135）；左腳在前方一步下落，右腳離地抬起後蹬，同時右扇由上向下環弧，內擺於身前方，手心向下，扇頭向前，左劍指展於身後左上側，手心斜向後，指尖斜向上，目視前方。（圖136）

圖 135

15. 大禹定海

右腳在前方一步下落，左腳離地後移，使兩腿成弓步，同時右扇環弧向前點擊，手心向左，扇頭斜向前，左劍指由前向後環弧，展於左側斜上方，手心向後，指尖斜向上，目視前方（圖137）；右腳為軸，左腳離地，身體左轉180度，左腳在後落地站立，右

圖 136

圖 137

腳抬起向前提膝成獨立勢，同時右扇隨身勢向前上方舉起，手心斜向前，扇頭斜向上，左劍指屈肘護胸，手心向前，指尖斜向上，目視前方左側（圖138）；右腳在前方一步下落，左腳在後離地提起，同時右扇由前上方，向下猛力插點下栽，手心斜向下，扇尖斜向前，左劍指上穿於頭前左上側，手心向上，指尖斜向前，目視前方。（圖139）

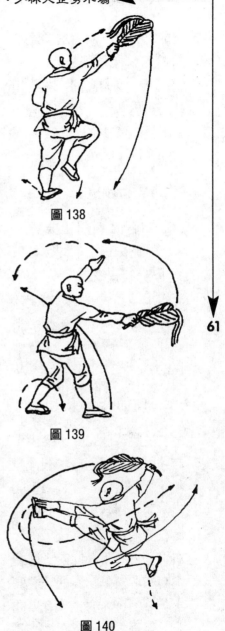

圖 138

61

圖 139

16. 旋繞風雷

右腳離地向左上方旋踢，體左轉180度，當全身騰空時，速出左掌由左向右拍擊右腳掌內側，同時右扇上展於頭左後上側，手心向外，扇頭斜向上，目視右腳。（圖140）

17. 太師托鞭

兩腳前後相距一步落地為軸，體左轉180度，使兩

圖 140

腿成左弓步，同時右扇隨身
勢環弧，前挑於身前，手心
斜向下，扇頭向前，左劍指
屈肘護於右肘內側，手心向
內，指尖斜向上，目視前
方。（圖141）

圖141

18. 行步撩衣

右腳離地前提成獨立
勢，同時右扇由前向後，撩
劈下削於身後右側，手心向
右，扇頭向後，左劍指由後
前點，手心斜向下，指尖斜
向前，目視前方。（圖
142）

圖142

19. 仙人栽豆

右腳落於左腳後半步，
左腳離地後退落於右腳後半
步，兩腳為軸，體右轉90
度，兩腿變為歇步，同時右
扇在身前環弧，然後下劈於
右下側方，手心向前，扇頭
斜向右，左劍指斜展於左側
上方，手心向外，指尖向
上，目視右側。（圖143）

圖143

20. 青龍擺尾

兩腳先後離地,向後倒退
一步,雙腳為軸,體左轉 90
度,使兩腿成為右弓步,同時
右扇在身右側環弧,撥撩於身
後右下側,手心向上,扇頭向
後,左劍指環弧展於頭前上
方,手心向前,指尖斜向上,
目視右前方。(圖 144)

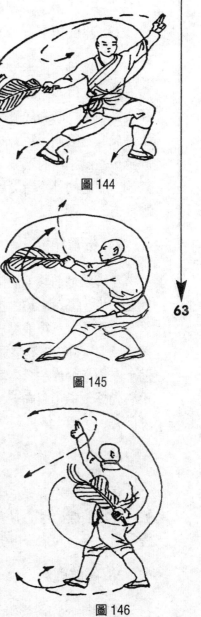

圖 144

21. 回身破陣

兩腳為軸,體左轉 180 度,使
兩腿變為左虛步;同時右扇隨手勢
環弧,向前方掄劈,手心向左,扇
頭向前,同時左劍指變掌屈肘護於
右腕內側,掌心向下,掌指向右,
目視前方。(圖 145)

圖 145

22. 蘇秦揹劍

抬右腳前上一步落地,兩腿變
成高弓步,同時右扇由前向上,向
後下環弧上挑揹於身後左側,手心
向外,扇頭斜向上,左掌變劍指上
舉於頭上左側,手心向左,指尖向
上,目視右前方。(圖 146)

圖 146

23. 迎風招展

左腳離地前上半步為軸落地，體右轉180度，右腳離地後退一步腳尖點地，同時右扇隨身勢環弧，上展於頭左後側，手心向前，扇頭向上，左劍指屈肘環弧，收護右肋外側，手心向外，指尖斜向上，目視前方。（圖147）

圖 147

24. 伍員托槍

左腳離地前移，使兩腿成左弓步，同時右扇由上向後下落環弧，然後前點於身前方，手心向左，扇頭向前，左劍指緊靠右腕內側，手心向外，指尖斜向下，目視前方。（圖148）

圖 148

25. 白蛇入洞

雙腳前移一步，左弓步不變，同時右扇由前向上向後環弧，然後前撩於身前方，手心向下，扇頭向前，左劍指護右腕內側，手心向下，指尖向前，目視前方。（圖149）

26. 鍾離觀海

雙腳向前踮跳，落地成左弓步不變，同時右扇由前向後

環弧上架頭上右側，手心向外，扇頭向前，左劍指向前點擊，手心向下，指尖向前，目視前方。（圖150）

27. 公主揮扇

兩腳跳起，體右轉180度，左腳在後提起，同時右扇由上向前下落，然後環弧撩撥屈肘護拍於左肩前左側，手心向下，扇頭斜向左，左劍指後撩於身後左側，手心向下，指尖向後，目視前方（圖151）；左腳在前方下落，右腳在後離地抬起，同時右扇由左向前上環弧，後展於頭上右側，手心向外，扇頭向上，左劍指直臂前展，手心向前，指尖向上，目視前方。（圖152）

圖 149

圖 150

65

圖 151

圖 152

28. 洞賓穿劍

右腳前上一步落地，左腳
在後離地微抬，同時右扇由後
向前環弧下穿，然後穿挑於左
側，手心向內，扇頭斜向後，
左劍指撩於身後左側，手心向
後，指尖斜向下，目視前方
（圖153）；左腳前上一步下
落，右腳離地在後微抬，同
時右扇由左向前上展於身後
右側上方，手心向外，扇頭斜
向上，左劍指向前穿挑，手心
斜向右，指尖斜向上，目視右
前方（圖154）；右腳前上一
步下落，左腳跟離地，成為
右虛步，同時右扇由後向前
下方穿擊，手心向外，扇頭
斜向下，左劍指外展於頭後
左上側，手心向外，指尖向
上，目視前下方（圖155）；
兩腳向左旋跳，體左轉 270
度，左腳站立，右腿上提不
落地，成獨立勢，同時右扇
隨身勢上穿於頭上右側，手
心向前，扇頭斜向左，左劍

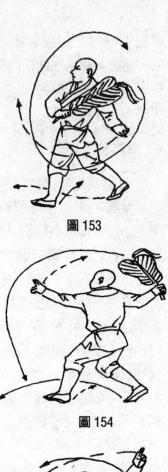

圖 153

圖 154

圖 155

指展於左側，手心斜向前，指尖向上，目視左前方（圖 156）；左腳為軸，體左轉 90 度，右腳在前一步下落，左腳在後離地微抬，右扇由後向前左下方環弧穿擊，手心向外，扇頭向後，左劍指撩於身後左上側，手心向後，指尖向上，目視左前下側（圖 157）；右腳為軸，體左轉 180 度，左腳在後一步落地，使兩腿成為右弓步，同時右扇由後向前挑穿點擊，手心斜向左，扇頭向前，左劍指展於身後左側，手心向後，指尖向上，目視前方。（圖 158）

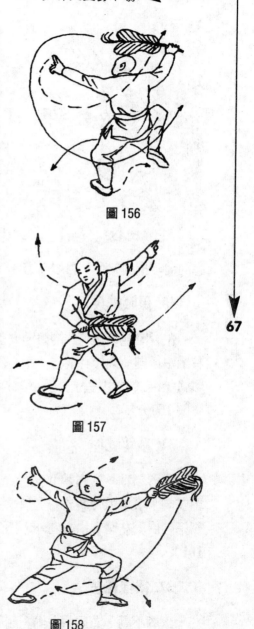

圖 156

圖 157

圖 158

29. 子牙斬將

抬左腳前上半步落地，成高虛步，同時右扇由前向下削劈於身右後下側，手心向右，扇頭斜向下，左劍指前挑斜點，手

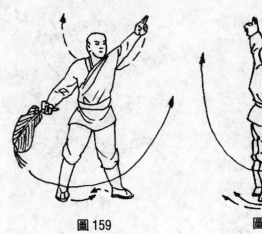

圖 159

圖 160

心向前，指尖向上，目視前方。（圖 159）

30. 孫臏排兵

左腳離地後移，右腳離地向前，與左腳併攏站立，同時右扇由後向前挑於身前方，手心斜向下，扇頭向前，左劍指環弧上展於頭上左側，手心向外，指尖向上，目視前方。（圖 160）

31. 扇轉乾坤

兩腳為軸，體右轉 90 度，兩足成八字站立，同時右扇由左向下環半弧外展於右上側，手心向前，扇頭斜向右，左劍指外展於左側，手心向外，指尖斜向左，目視前方。（圖 161）

32. 懷抱琵琶

兩腳不動，右扇由右向左屈肘環弧，撩於身前左側，在

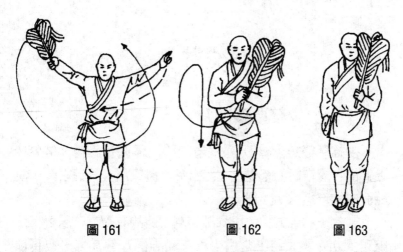

圖 161　　　　圖 162　　　　圖 163

胸前交於左手，左劍指變手屈肘接扇，兩手心向內，扇頭斜
向左，目視前方。（圖162）

收招歸原

　　兩足八字不變，左扇屈肘護於左側，手心向內，扇頭斜
向左，右掌環弧下垂於右大腿外側，掌心向內，掌指向下，
目視前方。（圖163）

五、少林草鐮

（一）少林草鐮簡介

少林草鐮是少林 18 般兵器中的一種重要武器，是少林寺武僧在練拳術的基礎上，結合寺外農家用具草鐮之長，演練而成的一種常用兵器。

宋代少林寺方丈福居禪師和趙太祖故有深交，趙更喜歡練習武功，調集將士常住少林，和寺僧互教互學，取長補短，使少林武術更加發展，少林草鐮也是同期發展而成的。明代的悟雷、洪榮、廣順等高僧更精心研練，還使用單、雙草鐮，對練破槍鞭等套路。清代的清倫、清真、靜梁、海參、海粱、湛化、寂勤、貞俊、恆林等對少林草鐮又有新的發展，練有單鐮 36 招，流傳至今。

少林草鐮既可割麥、割草，又可防身護院，保護寺內財產不受盜賊侵犯，還可以抵擋杆棍和匕首等兵器，是破敵練功的好武器。

少林草鐮的技法主要有：摟、釣、掛、挑、潑、掃、撩、削、架、攔、捅、點、甩等。

郭明堂老師曰：

手拿一張彎草鐮，單手割麥到田間。

前後左右潑一陣，形似旋風起雲煙。

三十六招絕妙藝，群敵一見四下散。

成名高士心膽怯，軟弱之徒更膽寒。

1. 歌 訣

單手拿起一張鐮，開山劈嶺種稼田。
回手反腕撩起鐮，單潑小麥不忙亂。
眞君擔山連手鐮，左右鉤掛反手鐮。
倒掛金鉤潑麥鐮，雲頂插花掛青鐮。
海下桑針破草鐮，單足提起後甩鐮。
金剛引路羅旋鐮，猴子藏寶仆身鐮。
旋綣霹雷上九天，大鵬展翅落高山。
白鶴斜飛七星鐮，子牙釣魚謂水邊。
轉手甩鐮一大片，前後左右潑四面。
三十六鐮使得好，潑過麥田潑秋田。
祖師留傳潑鐮手，耕種田園守寺院。
衝鋒陷陣戰賊兵，擅破長槍和鐵鞭。
成名高士心害怕，軟弱之徒更膽寒。

2. 動作順序

起勢、獨立接鐮、回手撩鐮、農夫撥麥、金牛奔山、連手劈鐮、獨立撩鐮、左鉤掛鐮、反手挑鐮、上步捅鐮、倒掛金鈴、轉身九星、回手掛鐮、洞賓揚鐮、摟砍潑麥、反手上掛、白猿偷桃、倒吊銀燈、雲頂潑麥、海底撈月、回身倒掛、進步潑鐮、提膝甩鐮、腋下藏花、大仙指路、枯樹盤根、旋轉潑鐮、大雁展翅、悟空藏寶、左右潑鐮、仆身潑鐮、鳳凰展翅、旋轉風雷、鴻雁落灘、紫燕斜飛、七星潑鐮、太公釣魚、轉身甩鐮、收招歸原。

（二）少林草鐮套路圖解

起 勢

足立八字，身胸挺直，左手屈肘握鐮護於左側，手心向內，鐮頭向上，右掌貼近右大腿外側，掌心向內，掌指向下，目視前方。（圖164）

圖164

1. 獨立接鐮

兩腳為軸，體向左轉90度，提右腿成獨立勢，同時雙手在胸前接鐮，兩手心相對，左鐮交於右手，鐮頭向後，目視前方。（圖165）

圖165

2. 回手撩鐮

右腳在前落地為軸，體右轉90度，左腿提起成獨立勢，同時右鐮由左向右環弧，甩撩於身右側，鐮頭向右，刀刃斜向下，左掌屈肘護胸，掌心向外，掌指向上，目視右前側。（圖166）

圖166

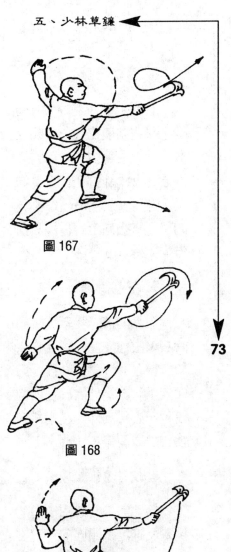

3. 農夫潑麥

右腳為軸，體左轉 90
度，左腳在前方一步下落，
屈膝成左弓步，同時右鐮由
後向前潑擊，鐮頭斜向前，
刀尖向左，左掌展於左側，
掌心向下，掌指斜向外，目
視前方。（圖 167）

圖 167

4. 金牛奔山

抬右腳前上一步落地，
屈膝變成右弓步，同時右鐮
環弧前撩，鐮頭斜向前，刀
尖斜向下，左掌展於身後，
掌心向後，掌指斜向後，目
視前方。（圖 168）

圖 168

5. 連手劈鐮

雙腳離地前移半步，兩
腿變成馬步，右鐮在左前方
環弧連劈，鐮頭向前，刀尖
向下，左掌屈肘，展於左肩
外側，掌心向外，掌指向
上，目視前左側。（圖
169）

圖 169

73

6. 獨立撩鐮

右腳為軸，體左轉180度，左腿向前提膝，成獨立勢，同時右鐮由後向前鉤挑撩起，鐮頭向前，刀尖向上，左掌展於前方，掌心斜向前，掌指向上，目視右前方。（圖170）

圖170

7. 左鉤掛鐮

左腳向前一步落地，同時右鐮由前向左，環弧鉤掛於身後左側，鐮頭向後，刀尖向下，左掌外展於左後側後，掌心斜向外，掌指斜向後，目視前方。（圖171）

圖171

8. 反手挑鐮

接上勢，右鐮由後向前挑擊反腕，鐮頭向前，刀尖向上，左掌展於身後左側，掌心向左，掌指向後，目視前方。（圖172）

圖172

74

9. 上步捅鐮

抬右腳前上半步落地站立
左腳離地後蹬，右鐮由後向前
捅點，刀尖向下，左掌展於身
左後側，掌心向外，掌指向
後，目視前方。（圖173）

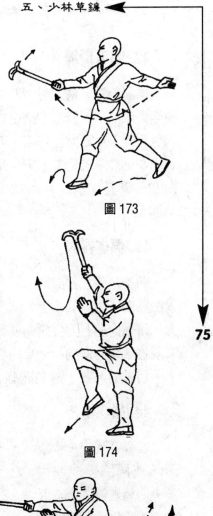

圖173

10. 倒掛金鈴

左腳前上一步下落站立，
右腳離地提膝成獨立勢，同時
右鐮由前向上挑掛，鐮頭向
上，刀尖向前，左掌屈肘護胸
前，掌心向右，掌指向上，目
視前方。（圖174）

圖174

11. 轉身九星

右腳在前方下落，左腳跟
離地，兩腿屈膝成丁
步，同時右鐮由上向
下環弧斜鉤，鐮頭向
前，刀尖向上，左掌
護於右肘內側，掌心
斜向下，掌指斜向
右，目視前方。（圖
175）

圖175

12. 回手掛鐮

兩腳為軸,體左轉180度,使兩腿成蹲步,同時右鐮由後向前環弧鉤掛,鐮頭斜向前,刀尖斜向左,左掌展於前上方,掌心向右,掌指向前,目視前方。(圖176)

圖176

13. 洞賓揚鐮

前提左腿成獨立勢,同時右鐮由前向後下環弧,上架頭上前方,鐮頭向前,刀尖斜向外,左掌前推,掌心斜向前,掌指斜向上,目視前方。(圖177)

14. 摟砍潑麥

左腳在前方一步下落,使兩腿變成左弓步,同時右鐮由上環弧向前下方摟砍,鐮頭向前,刀尖斜向左,左掌展於頭前斜上方,掌心向前,掌指斜向上,目視前方。(圖178)

圖177

圖178

15. 反手上掛

兩腳為軸，體右轉180度，兩腿變成高弓步，同時右鐮由後向上挑掛於頭上前方，鐮頭向上，刀尖向前，左掌護於右肘內側，掌心斜向下，掌指向右，目視前方。（圖179）

16. 白猿偷桃

抬左腿向前提膝，成獨立勢，右鐮向後斜舉，鐮頭斜向後，刀尖向上，左掌屈肘變勾手護於胸前，勾尖向下，目視前方。（圖180）

17. 倒吊銀燈

左腳尖下落點地，右腳上步下落，兩腿變為丁步，同時右鐮由上向下撩挑於身前下方，鐮頭斜向下，刀尖向上，左勾手護於右肘內側，勾尖斜向下，目視前下方。（圖181）

圖179　　圖180

圖181

18. 雲頂潑麥

左腳向後半步下落為軸，體左轉180度，右腳在後離地抬起，同時右鐮由後，向前上方摟潑，鐮頭斜向前，刀尖向左，左勾手變掌外展於左後側方，掌心向外，掌指向上，目視前方（圖182）；右腳向前半步，左腳抬起，體向左轉180度，左腳在後不落地，同時右鐮由後向前旋轉潑掃，鐮頭斜向前，刀尖斜向左，左掌後展左側方，掌心向左，掌指向後，目視前方。（圖183）

圖182

圖183

19. 海底撈月

左腳在後一步下落，兩腳為軸，體左轉180度，使兩腿屈膝變成高跪步，同時右鐮由後向前下方鉤撈，鐮頭斜向下，刀尖向下，左掌展於左後上側，掌心向外，掌指向上，目視前下方。（圖184）

圖184

20. 回身倒掛

兩腳碾地，體向右轉180度，兩腿成右弓步，同時右鐮由後向前倒掛上挑，鐮頭向前，刀尖向下，左掌屈膝護胸前，掌心向下，掌指向右，目視前方。（圖185）

圖185

21. 進步潑鐮

左腳離地前上一步落地，使兩腿成左弓步，同時右鐮經右側向後環弧，然後潑向前方，鐮頭向前，刀尖斜向左，左掌屈肘護胸，掌心向右，掌指向上，目視前方。（圖186）

圖186

79

22. 提膝甩鐮

右腳離地前移半步，左腿提膝成獨立勢，同時右鐮由前向後上方甩掛，鐮頭斜向後，刀尖斜向右，左掌屈肘護右肋前側，掌心向內，掌指向右，目視前右側。（圖187）

圖187

23. 腋下藏花

左腳在前半步下落，右腳跟離地，兩腿變成丁步，同時右鐮由後向前摟砍，橫潑於左腋後下側，鐮頭斜向後，刀尖向下，左掌上架頭左前上側，掌心向右，掌指向上，目視前方。（圖188）

圖188

24. 大仙指路

抬右腳前上一步，同時右鐮由後向前直臂挑點，鐮頭向前，刀尖向上，左掌屈肘護胸，掌心向下，掌指向右，目視前方。（圖189）

圖189

25. 枯樹盤根

抬左腳與右腳併攏，屈膝變為蹲步，同時右鐮由前向後上方環弧，然後向前斜砍，鐮頭斜向前，刀尖斜向下，左掌護於胸前方，掌心向右，掌指向上，目視前方。（圖190）

圖190

80

26. 旋轉潑鐮

兩腳向右旋跳，體右轉270度，兩腳落地成丁步，同時右鐮隨身勢潑甩於右側方，鐮頭向右，刀尖斜向下，左掌護於右胯前側，掌心向下，掌指向右，目視前方。（圖191）

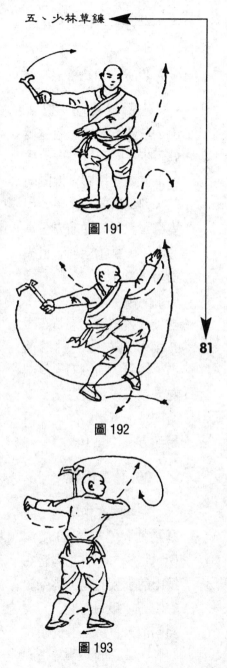

圖191

27. 大雁展翅

兩腳為軸，體左轉90度，提左腿成獨立勢，同時右鐮展於身後右側，鐮頭向上，刀尖斜向外，左掌上展頭前左側，掌心斜向前，掌指向上，目視前方。（圖192）

圖192

28. 悟空藏寶

左腳在前半步落地，抬右腳前上一步，成右高虛步，同時右鐮由後向前旋轉掃潑，然後藏於左側方，鐮頭向上，刀尖向後，左側變勾手，平舉於左後側，勾尖向下，目視前方。（圖193）

圖193

29. 左右潑鐮

左腳提起向右腳併攏，右腳跟離地，兩腿變成丁步，同時右鐮向後向前下方環弧摟潑，鐮頭向前，刀尖斜向左，左勾手變掌，前展於左前方，掌心向下，掌指向前，目視前方（圖194）；抬右腳前上一步下落，左腳跟離地，腳尖點地，同時右鐮在前環弧右擺，挑於前方，鐮頭向前，刀尖斜向左，左掌後展於左側，掌心向外，掌指斜向後，目視前方。（圖195）

圖194

圖195

30. 仆身潑鐮

左腳跟在後落地，兩腳為軸，體左轉90度，使兩腿成右仆步，同時右鐮由前環弧內勾，挑架於右側方，鐮頭向上，刀尖斜向前，左掌上展於頭左前側，掌心向外，掌指向

圖196

上，目視鐮頭（圖 196）；右鐮經身前環弧，外擺於右側方，鐮頭向右，刀尖向下，左掌屈肘收護胸前，掌心向右，掌指向上，目視右側方。（圖197）

圖 197

31. 鳳凰展翅

右腳尖內旋站立，左腿提膝，成獨立勢。右鐮由右向左鉤撩，挑於左側方，鐮頭斜向左，刀尖向上，左掌外展於左側斜上方，掌心向前，掌指向上，目視左前側。（圖 198）

32. 旋轉風雷

右腳向左上方旋踢，體左轉 90 度，當全身騰空時，速出左掌由左向右拍擊右腳掌內側，右鐮上舉頭右側，鐮頭向上，刀尖向前，目視右腳前。（圖 199）

33. 鴻雁落灘

兩腳前後相距一步下落為軸，左轉體 90 度，使兩腿成

圖 198

圖 199

左弓步，同時右鐮由上向下
落於右側下方，鐮頭斜向
右，刀尖斜向前，左掌上架
頭上左側，掌心斜向上，掌
指斜向右，目視前方。（圖
200）

圖 200

34. 紫燕斜飛

兩腳為軸，體右轉 45
度，抬左腳離地後蹬，同時
右鐮向前上挑展，鐮頭向
前，刀尖向下，左掌展於左
後側方，掌心向左，掌指向
後，目視前方。（圖 201）

圖 201

35. 七星潑鐮

左腳在後方一步下落為
軸，體左轉 90 度，抬右腳
與左腳併攏，腳尖點地，屈
膝成丁步，同時右鐮由右向
左潑掃，鐮頭斜向前，刀尖
斜向左，左掌上架頭上左
側，掌心斜向前，掌指向
右，目視前方（圖 202）；
右腳離地向左移半步落地，
體右轉 90 度，左腳再向右

圖 202

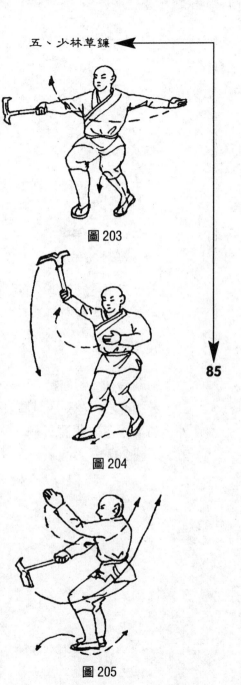

腳併攏，腳尖點地成丁步；
同時右鐮由左向右甩擺，鐮
頭斜向前，刀尖斜向上，左
掌外展左後側，掌心向左，
掌指向後，目視前方。（圖
203）

圖203

36. 太公釣魚

右腿直立，左腿提膝，
成獨立勢，同時右鐮上舉頭
前上方，鐮頭斜向上，刀尖
斜向前，左掌屈肘護胸，掌
心向右，掌指斜向前，目視
前方。（圖204）

圖204

37. 轉身甩鐮

右腳為軸，體右轉45
度，左腳向右腳併攏下落，
兩腿屈膝微蹲，同時右鐮由
上向前下方掛劈，鐮頭斜向
下，刀尖向下，左掌上架頭
前上方；掌心向右，掌指向
上，目視前下方（圖
205）；右腳前上一步落
地，兩腳為軸，體左轉180
度，兩腿變成弓步，同時右

圖205

圖 206   圖 207

鐮由右後方甩挑於前方，屈肘交於左手，左掌屈肘接鐮，兩手心向下，鐮頭斜向前，刀尖向下，目視前方。（圖 206）

收招歸原

兩腳為軸，體右轉 90 度，抬右腳向左腳併攏，八字站立，身胸挺直，左手屈肘握鐮護於左側，鐮頭向上，刀尖向外，右掌下落右大腿外側，掌心向裡，掌指向下，目視前方。（圖 207）

六、少林閉血鴛鴦幡

（一）少林閉血鴛鴦幡簡介

《封神演義》上有通天教主使聚仙幡招集弟子，三教鬥法，姜子牙使引魂幡招集死去的將士赴封神臺，封出天兵天將。再以後民間風俗也有對死去的長者親友用紙作一對仙幡，作引魂超渡之用，又因其形如一對鴛鴦，同仙鶴相似，所以取名鴛鴦幡。明初有元成和尚會練此幡；清代有清倫、清蓮、靜雲、靜修、靜紹、真珠、真靈、如淨等精通此技，單雙套路共 48 招。

少林閉血鴛鴦幡，是寺內稀有罕見的兵器。1886 年如淨法師把此器帶下嵩山，1936 年冬，77 歲高齡的如淨法師把身上珍藏 50 多年的技藝，傳授給得意弟子素法，使之流傳至今。

少林閉血鴛鴦幡平時攜帶引人注目，雲遊僧人募化時，作為趕犬之用，則較為不引人注意，並可防止盜賊襲擊和隨時懲治凶惡之徒，是秘不傳人的兵器。

鴛鴦幡的技法主要有：劈、砸、沖、點、刺、挑、撩、架、撥、鉤、掃、掛等。

清蓮法師曰：

> 少林閉血鴛鴦幡，秘傳古寺千百年。
>
> 弟子學會此門藝，走遍天下不膽寒。
>
> 成名高士猜不透，大羅金仙也犯難。
>
> 雙手展搖天地轉，群賊歹徒魂飛天。

1. 歌 訣

手使閉血鴛鴦幡，雙臂搖動不休閒。

單足站定聚群仙，翻動乾坤天地轉。

高士舉幡破敵城，招換敵兵魂飛天。

退步雙砸敵害怕，二鶴擋道爭巢沿。

雙鳳寺窩團團轉，懸燈衝進敵營盤。

天翻地覆魂魄散，搖動雙幡鬼神寒。

引敵死路上陰間，舉幡進攻快如電。

回頭招住眾群仙，霹雷閃電上九天。

燕子戲水靠河邊，羅漢問路舉上幡。

引敵無路難征戰，鴛鴦展翅戲金蟾。

左右前後上下翻，野馬開道穿進山。

鳳凰朝王鶴觀天，鴛鴦退步併雙肩。

上下搖開閉血幡，閻君出城收敵犯。

二鶴盤旋沖天地，神仙回頭奔高山。

練過少林絕妙藝，遊走乾坤心不寒。

此種藝業世稀有，但願子孫繼祖先。

2. 動作順序

起勢、獨立聚仙、翻天仆地、舉火闖關、跪步招魂、魂飛天邊、撤步劈鬼、雙鳳擋前、雙鳳爭巢、二鶴盤旋、舉火衝營、覆地翻天、搖幡驅鬼、引魂上天、舉燈進兵、回身招仙、風雷上天、鴛鴦戲水、引魂進關、上下搖幡、前後搖幡、左右搖幡、引魂落地、雙鳳開山、途步驅鬼、雙鳳朝主、二鶴觀天、退步撤兵、鴛鴦併肩、上下飛幡、閻王開

圖208　　　　圖209　　　　圖210

關、雙鳳盤旋、大仙回山、注地沖天、收招歸原。

（二）少林閉血鴛鴦幡套路圖解

起　勢

兩足併步站立，身胸挺直，雙手握幡腿，護於身兩側，幡頭斜向上，幡嘴向外，目視前方。（圖208）

1. 獨立聚仙

右腳提膝，成獨立勢，雙幡交插於胸前，右手在外，左手在內，兩幡頭斜向外，幡嘴斜向下，目視前方。（圖209）

2. 翻天仆地

右腳在右側半步下落，兩腳為軸，向左轉體90度，左腳在前提膝，成獨立勢，同時右幡由後向前與左幡相繼環弧下落，兩幡頭斜向前，幡嘴斜向下，目視前方（圖210）；

左腳向前一步下落，兩腳
為軸，體左轉 90 度，使
兩腿成倒插步，同時雙幡
左右展開，幡頭斜向上，
幡嘴斜向外，目視左側
方。（圖 211）

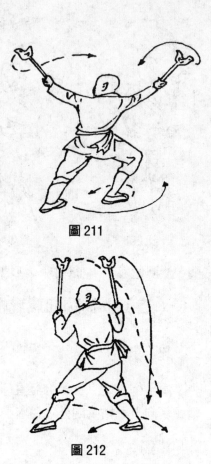

圖 211

提右腳落於左腳內側
半步，兩腳為軸，向左轉
體 90 度，使兩腿變為左
虛步，同時雙幡在左側屈
肘內收，幡頭向上，幡嘴
相對，目視左側方（圖
212）；雙腳向右旋跳，
體右轉 270 度，雙腳落地
成左仆步，同時雙幡由上
向下砸於左腳前側，幡頭
斜向左，幡嘴向下，目視
左前方。（圖 213）

圖 212

3. 舉火闖關

起身兩腳為軸，體左
轉 90 度，兩腿變成左弓
步，左幡上架頭上前方，
幡頭向上，幡嘴向前，右
幡由下向前沖擊，幡頭向
前，幡嘴向下，目視前

圖 213

方。（圖214）

4. 跪步招魂

提左腳後退半步，抱右腳前上半步，兩腳落地變成跪步，同時雙幡由前向下，經兩側向後上環弧，然後砸向前下方，幡頭向前，幡嘴向下，目視前方。（圖215）

5. 魂飛天邊

起身，抬左腳前上半步落地，右腳抬起向前提膝，成獨立勢，同時雙幡由下向前上方沖擊，兩幡頭斜向前，幡嘴向下，目視雙幡。（圖216）

6. 撤步劈鬼

右腳下落於左腳後半步，兩腳為軸，體右轉180度，抬左腳向前上半步，使兩腿成左虛步，同時雙幡隨身勢由右後上方，向下掛劈於右後下側，雙幡頭斜向

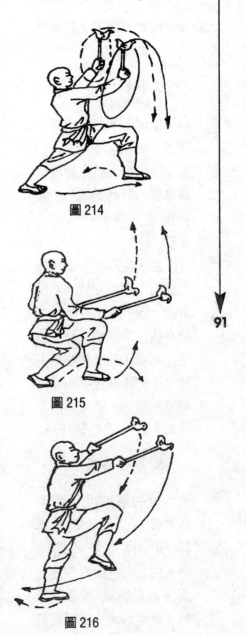

圖214

圖215

圖216

後，幡嘴斜向下，目視前方。（圖 217）

7. 鳳擋前

雙腳向前蹍跳兩步，左腳尖上挑離地，同時雙幡由後向前環弧上挑於前後兩側，雙幡頭向上，幡嘴向後，目視右前方。（圖 218）

圖 217

左腳尖內旋為軸，在右腳前下落，右腳向右後旋擺，體右轉 180 度，右腳在後一步落地，使兩腿成左弓步，同時雙幡隨身勢，下劈於右後下側，雙幡頭斜向下，幡嘴向前，目視右前方。（圖 219）

圖 218

8. 雙鳳爭巢

抬右腳前上一步下落，兩腳為軸，體左轉 45 度，同時雙幡隨身勢，由右向左旋轉撩挑，護於身前兩側，幡頭相對，幡嘴斜向下，目視前

圖 219

方。（圖220）

9. 二鶴盤旋

雙腳前移半步為軸，體右轉45度，使兩腳成右弓步，同時雙幡由後向前，十字交插上架頭前上方，兩幡頭斜向前，幡嘴相對，目視左前方。（圖221）

10. 舉火衝營

抬左腳落於右腳前為軸，右腳向右旋擺，體右轉180度，左腳在後方一步下落，腳尖點地，同時雙幡隨身勢由左向右環弧撩挑，左幡上架頭前上方，幡頭向上，幡嘴向前，右幡撩於右側前方，幡頭向前，幡嘴向下，目視前方（圖222）；兩腳為軸，體右轉180度，同時右幡由下向上挑架於頭上前方，幡頭向上，幡嘴向前，左幡由後向前沖

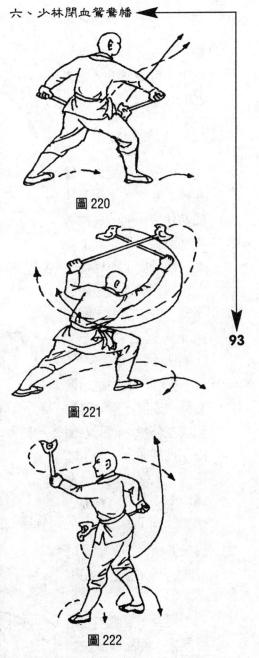

圖220

圖221

圖222

93

點，幡頭向前，幡嘴斜
向下，目視前方。（圖
223）

11. 覆地翻天

兩腳向左旋跳，體
左轉270度，兩腳落地
成右仆步，同時左幡隨
身勢環弧撩架於頭上左
側，幡頭向上，幡嘴向
左，右幡環弧鉤砸於右
下側，幡頭向右，幡嘴
向下，目視右前方。
（圖224）

雙腳向右旋跳，體
右轉180度，兩腳落地
變成左仆步，同時右幡
由下挑架頭上右側，幡
頭向上，幡嘴向右，左
幡由上向左下方鉤砸，
幡頭向左，幡嘴向下，
目視右側。（圖225）

12. 搖幡驅鬼

起身，雙腳向右踮
跳兩步，兩腿變成左虛

圖223

圖224

圖225

步，同時兩幡隨身勢在身前上
方，向左環弧兩圈，然後撩架
於身前兩側，幡頭向上，幡嘴
向左，目視前方。（圖226）

　　兩腳為軸，體左轉90
度，抬右腳離地前上一步下
落，左腳在後離地抬起，成獨
立勢，同時左幡由上向下鉤掛
於前左側，幡頭向前，幡嘴向
下，右幡由後向前沖架頭上前
方，幡頭向上，幡嘴向前，目
視前方。（圖227）

13. 引魂上天

　　右腳為軸，體左轉180
度，左腳不落地向前擺膝，成
獨立勢，同時左幡隨身勢，由
下向上挑架於頭上前方，幡頭
向上，幡嘴向前，右幡由後向
下環弧，然後向前刺點，幡頭
向前，幡嘴向下，目視前方。
（圖228）

14. 舉燈進兵

　　左腳在前方下落，兩腿成
左虛步，同時右幡由下向上挑

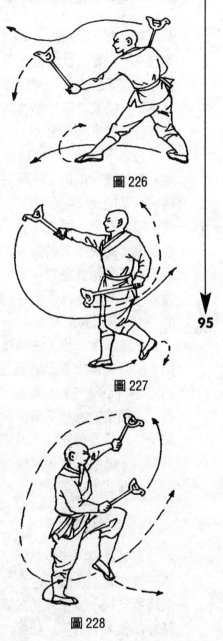

圖 226

圖 227

95

圖 228

架頭前上方，幡頭向上，幡
嘴向前，左幡由上向後下環
弧，然後經左下側，撩於身
前左側，幡頭向前，幡嘴向
下，目視前方。（圖229）

　　抬右腳向前上半步落
地，左腳離地後抬，同時左
幡由前向上挑架於頭前上
側，幡頭向上，幡嘴向前，
右幡由上向後下方環弧，然
後經右下側撩於身前右側，
幡頭向前，幡嘴向下，目視
前方。（圖230）

　　左腳前上一步，右腳後
抬，同時右幡由下上架頭上
前方，幡頭斜向上，幡嘴向
前，左幡由上向後下環弧，
然後挑撩於身前左側，幡頭
斜向前，幡嘴向下，目視前
方。（圖231）

15. 回身招仙

　　右腳在前方半步為軸下
落，體左轉135度，左腳在
前離地抬起，成獨立勢，同
時左腿挾於右腋下，幡頭向

圖229

圖230

圖231

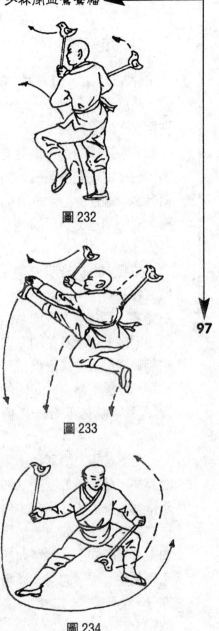

後，幡嘴向下，右幡上舉於頭上右側方，幡頭向上，幡嘴向前，目視前方。（圖232）

16. 風雷上天

左腳不落地，右腳跳起，向左旋踢，體左轉45度，當全身騰空時，速出左掌由左向右拍擊右腳掌內側，右幡上展於頭上左側，幡頭向上，幡嘴向前，左幡挾右腋下，幡頭向後，幡嘴向下，目視右腳。（圖233）

17. 鴛鴦戲水

雙腳前後相距一步下落，以雙腳為軸，向左轉體135度，兩腿變成左弓步，同時左手接幡，由後向前下方撩撥，幡頭斜向下，幡嘴向前，右幡隨身勢上架身後右側，幡頭向上，幡嘴向外，目視前方。（圖234）

圖232

圖233

圖234

18. 引魂進關

兩腳為軸，體左轉 45
度，兩腿變成左弓步，同時
左幡由下向上撩撥，架於頭
上前方，幡頭向上，幡嘴向
前，右幡由後向下環弧，掃
劈於前下右側，幡頭斜向
前，幡嘴向下，目視前方。
（圖 235）

圖 235

雙腳向右側旋跳一步，
體右轉 270 度，左腳下落，
右腳在後不落地，身向右傾
斜，同時雙幡隨身勢由左向
右旋轉掃擊，然後兩幡斜架
於兩側，幡頭斜向右，幡嘴
向下，目視右下方。（圖
236）

圖 236

右腳在後一步落地，兩
腳為軸，體右轉 270 度，同
時兩幡隨身勢環弧旋轉，然
後右幡上架頭上前方，幡頭
向上，幡嘴向前，左幡向前
下側刺點，幡頭向前，幡嘴
向下，目視前方。（圖
237）

圖 237

19. 上下搖幡

抬左腳向前落於右腳內側，右腳向前彈踢，同時右幡由上向下鉤掛，劈於右側下方，幡頭向前，幡嘴向下，左幡由下向上挑架於頭上前方，幡頭向上，幡嘴向前，目視前方。（圖238）

圖238

右腳在前方一步，抬左腳向前方彈踢，同時左幡由前上方向下鉤掛，劈於左側前方，幡頭斜向前，幡嘴向下，右幡由下向上架於頭上前方，幡頭向上，幡嘴向前，目視前方。（圖239）

99

20. 前後擺幡

圖239

左腳落在右腳前一步，右腳扒地後抬，成扒沙步，同時左幡由後向前刺點，右幡由上向下降落，兩幡頭斜向前，幡嘴斜向下，目視前方（圖240）；右腳落於左腳前一步，兩腿變成右弓步，同時雙幡由前向下，再向右環弧撥打，左幡撩

圖240

於前右上側，右幡撩於身後左上側，兩幡頭斜向上，幡嘴向外，目視右前方。（圖241）

圖241

21. 左右搖幡

抬左腳落於右腳前一步，兩腿變成左高弓步，同時雙幡由右向左上下環弧撥打，右幡撥打於頭前上方，左幡撥打於頭後方，兩幡頭斜向上，幡嘴斜向外，目視前方（圖242）；抬左腳落於前方一步，同時雙幡由左向右上下環弧撥打，左幡撩於前上方，右幡撩於後上方，兩幡頭斜向上，幡嘴向外，目視前方。（圖243）

圖242

22. 引魂落地

抬左腳離地前移，落於右腳後半步，兩腿屈膝下蹲，同時雙幡由上向下降落，左幡在前，右幡在

圖243

後，兩幡頭向外，幡嘴向下，目視前方（圖244）；起身，兩腳為軸，體左轉180度，雙腿屈膝下蹲，同時雙幡前後環弧來回一圈，下落於前後兩側，右幡在前，左幡在後，兩幡頭向外，幡嘴向下，目視前方。（圖245）

23. 雙鳳開山

起身，抬後腳向前彈踢，同時雙幡由前向後收回，十字交插，架於頭前左上方，雙幡斜向上，幡嘴向下，目視左前方。（圖246）

右腳在前方落地為軸，左腳提起，體右轉135度，左腳在後不落地，同時雙幡在頭上，由左向右旋轉不變，十字交插架於頭前上方，雙幡頭斜向外，幡嘴向下，目視前方。（圖

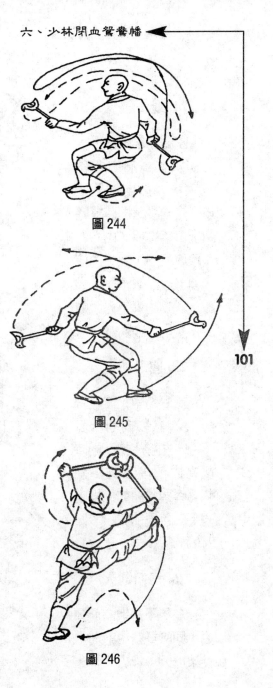

圖244

圖245

圖246

101

247）

24. 途步驅鬼

左腳在左側落下，兩腳為軸，體向左轉90度，兩腳向左側途步，走兩步，同時雙幡由上下落胸前，由右向左環弧兩圈，然後挑撩於身前方，幡頭斜向前，幡嘴向下，目視前方。（圖248）

圖 247

25. 雙鳳朝主

兩腳為軸，體左轉45度，右腳向前一步落地，左腳後抬，同時雙幡由前向下鉤掛點刺，幡頭斜向前，幡嘴向下，目視前方。（圖249）

圖 248

26. 二鶴觀天

左腳不落地向前彈踢，同時雙幡由前向上挑架於頭上後方，幡頭

圖 249

斜向後，幡嘴斜向上，目視前上方。（圖250）

27. 退步撤兵

左腳收回，後退一步落下，同時雙幡由上向後下環弧，然後撩挑於身前斜上方，雙幡頭斜向前，幡嘴向下，目視前方。（圖251）

右腳後退一步，兩腿成左弓步，同時雙幡由前上方向後下兩側十字環弧，右幡向左下落，左幡向右下落，然後撩於前上方，右幡在左，左幡在右，兩幡頭向上，幡嘴向前，目視前方。（圖252）

28. 鴛鴦並肩

上動不停，左腳向後一步落下，同時雙幡由前上方向後下兩側環弧，然後向前挑撩於前

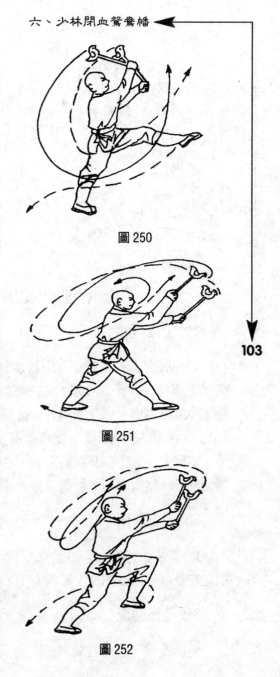

圖 250

圖 251

圖 252

圖 253

圖 254

上方，幡頭向上，幡嘴向前，目視前方。（圖253）

29. 上下飛幡

抬左腳前上一步落下，上體右轉90度，同時雙幡由後向前上下掄劈，十字交插於右側胸前，左幡在前，右幡在後，左臂壓右臂，兩幡頭向外，幡嘴向下，目視右前方（圖254）。上體左轉90度，雙幡繼續向前掄劈旋轉，左臂在下，右臂在上，十字交插於右側，右幡在前，左幡在後，兩幡頭向外，幡嘴向下，目視前方。（圖255）

30. 閻王開關

兩腳為軸，體左轉90度，雙幡上下繼續向前掄劈，兩幡左右外展，幡頭向外，幡嘴向下，目視前方。（圖256）

31. 雙鳳盤旋

兩腳為軸，體向右轉90度，左腳上前一步落下；雙幡

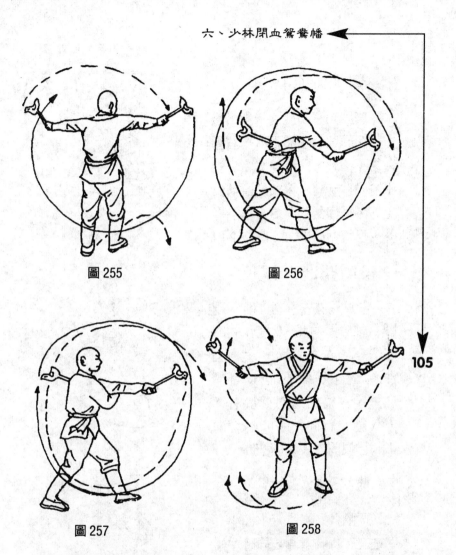

圖255　　　　　　　　　　圖256

圖257　　　　　　　　　　圖258

向前繼續掄劈，左臂壓右臂，十字交插於左側方，左幡在前，右幡在後，兩幡頭向外，幡嘴向下，目視前方（圖257）；雙幡繼續向前掄劈，雙臂外展於前後兩側，左幡在前，右幡在後，兩幡頭向外，幡嘴向下，目視右前方。（圖258）

32. 大仙回山

雙腳向右側旋跳一步，體右轉 360 度，左腳下落，右腳在後不落地，同時雙幡隨身勢由左向右旋轉，撥架於頭前斜上方，雙幡頭斜向前，幡嘴向外，目視左前方。（圖 259）

圖 259

33. 注地沖天

右腳落在左腳後半步，兩腳為軸，體右轉 90 度，同時右幡由左向右下環弧，然後上沖頭上右側，幡頭向上，幡嘴向外，左幡由左斜劈於右下方，幡頭斜向外，幡嘴斜向下，目視前方。（圖 260）

圖 260

收招歸原

兩腳各退半步，併攏小八字站立，身胸挺直，同時左幡上舉於左側上方，與右幡同時內收，兩手屈肘握幡腿，護於兩臂前側，幡頭向上，幡嘴向外，目視前方。（圖 261）

圖 261

七、少林五合掌

（一）少林五合掌簡介

五合掌形似人手，五指分開成散掌樣，後邊有把，和人手臂長短相似。宋代福居方丈將其收集入寺，傳給眾僧研練。它有飛禽走獸之姿態，故取名為五合掌，有 25 招。明代悟鑾、悟雷兩高僧使之增至 28 招；清雲和尚又增至 33 招。清代海參和尚教弟子時曾增至 64 招，後經寂聚、寂袍、寂亭、淳錦、淳念、淳密和馬希貢等相傳至今。

少林五合掌指尖鋒利，小巧靈便，可以打在包裡，也可用於背行李練武防身；在寺內還可以看守寺院，驅趕盜賊；能抓拿各種兵器，是寺內僧人得心應手，秘不外傳的兵器之一。

少林五合掌的主要技法有：插刺、撥架、搶穿、挑撩、劈砍、橫掃、崩砸、推旋和點抓等。

馬希貢老師曰：

五合掌法世罕見，擅擒兵器十八般。

外行募化帶方便，懲罰惡歹救孝賢。

寺內看家護禪院，提防盜賊作惡端。

弟子學會絕妙藝，遊走天下不犯難。

少林武師馬應亮、湯金凌曰：

少林奇刃一雙掌，形如紫燕雙飛翔。

前挑後架如穿梭，左右兩側急遮擋。

十指鋒利如尖刀，抓拿兵器緊不放。

祖師傳下護身寶，遊走乾坤有保障。

1. 歌　訣

五合掌法奇妙玄，古剎流傳少人見。
單手舉拳山頭站，坐盤打捶栽下邊。
躍步擺腿天邊去，登山接掌拿手間。
前後拉開一雙掌，左右疊花奔向前。
白蛇入洞雙劈掌，飛身躍步頭上旋。
弓身猛虎大出洞，倒轉雲頭隨風旋。
回身獨立架刺掌，左右蓋掌地下扇。
插花蓋頂上邊護，單腿立足把掌端。
羅漢打虎地下按，搖掌快步趕雲端。
飛腳擺蓮雙推掌，進步穿刺敵肋前。
左右舞花向前闖，腋下藏花旋上天。
左右雲手雙獻掌，回身插掌單腿懸。
大鵬展翅飛身起，兩邊刺插奔下盤。
左右扇風蝶飛舞，虛步腋底插下邊。
地堂翻花滾八面，護身掌法走轉盤。
抱掌觀看天上景，舉拳收招回嵩山。
弟子學會五合掌，擅擒兵器十八般。
對方兵器被拿住，要想勝俺如登天。

2. 動作順序

起勢、舉旗觀望、單踢踩腳、坐虎栽捶、飛身擺蓮、弓身接掌、前後撐掌、左右舞花、跪步雙劈、躍步雲頂、弓身架刺、倒雲頂掌、獨立架刺、回頭架刺、右蓋途步、左蓋途

步、插花蓋頂、獨立平端、大虎抱頭、撲地打虎、獨立搖
掌、八步趕蟾、接掌二起、代腿二起、拱掌擺腳、獨立雙
推、轉身穿掌、前舞花掌、挾掌旋風、雲頂雙獻、回身插
掌、雁勢雙飛、撤身右刺、回手左刺、左右插花、登山打
虎、虛步斜刺、腋下插花、地下滾身、地堂翻花、護身轉
環、後劈架刺、搖掌飛腳、抱掌觀天、收招歸原。

（二）少林五合掌套路圖解

起 勢

足立八字，身胸挺直，左手握雙
掌屈肘抱於左肋前外側，掌指向上，
右掌心向裡，掌指向下，目視前方。
（圖 262）

109

圖 262

1. 舉旗觀望

抬右腳向右微移步為軸，震腳落
地，體右轉 45 度，抬左腳前上半
步，落地變為虛步，同時左掌屈肘抱
於胸前，掌指斜向上，右掌變拳上舉
於頭上前右側，掌心斜向上，目視前
方。（圖 263）

2. 單踢踩腳

抬右腳向前彈踢，同時右拳變
掌，由上向下拍擊右腳面（響亮），

圖 263

左掌屈肘抱於胸前，掌指斜向左後上側，目視左前方。（圖264）

圖264

3. 坐虎栽捶

右腳在前方一步下落為軸，體左轉45度，抬左腳落於右腳後外側半步，使兩腿全蹲變為歇步，同時右掌變拳，環弧下栽，砸於右下側，拳心斜向後，左掌屈肘抱於左肋外側，掌指斜向上，目視右下方。（圖265）

圖265

4. 飛身擺蓮

起身兩腳為軸，體左轉360度，使兩腿成左虛步，同時左掌隨身勢旋轉後，展於左側方，掌指斜向上，右掌展於右側方，掌心向前，掌指斜向右，目視左前方。（圖266）

兩腳向左踮跳，然後雙腳跳起，右腳盡力向右上方彈擺，體右轉180

圖266

度，當全身騰空時，速
出右掌，由右向左擺擊
右腳面，左掌屈肘抱於
胸前，掌指斜向上，目
視右腳。（圖267）

5. 弓身接掌

　　雙腳先後落地，體
右轉90度，使兩腿變
成右弓步，同時雙手在
前方接掌，兩手高與肩
平，掌指向後，目視前
方。（圖268）

6. 前後撐掌

　　兩腳為軸，體左轉
180度，使兩腿變成左
弓步，同時雙掌隨身
勢，向前後撐推展開，
兩臂與肩平齊，掌指向
上，目視前方。（圖
269）

7. 左右舞花

　　兩腳為軸，體右轉
90度，提左腿成獨立

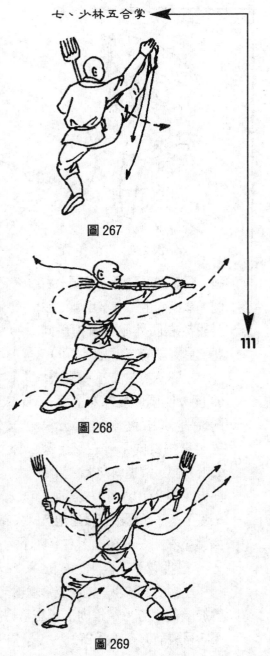

圖267

圖268

圖269

111

圖 270　　　　　　　　　　　圖 271

勢，同時右掌環弧上架頭上右側，掌指向上，左掌環弧，屈肘護於右肋外側，掌指斜向右，目視左前方。（圖 270）

左腳落於左側方，體左轉90 度，使兩腿變為左虛步，同時左掌由後向前下方掄劈，掌指斜向下，右掌上架頭上右側，掌指斜向上，目視前方（圖 271）；抬右腳前上

圖 272

一步下落，左腳跟在後離地，腳尖點地，同時雙掌向前舞花掄轉半圈，左掌在上，右掌在下，兩掌指斜向後，目視前方。（圖272）

左腳前上一步，同時雙掌繼續向前上下掄轉一圈，左掌轉於頭前上方，掌指向上，右掌轉於身後右下側，掌指向下，目視前方。（圖273）

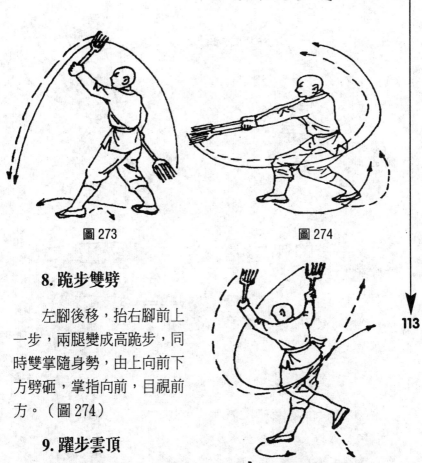

圖 273

圖 274

圖 275

8. 跪步雙劈

　　左腳後移，抬右腳前上一步，兩腿變成高跪步，同時雙掌隨身勢，由上向前下方劈砸，掌指向前，目視前方。（圖 274）

9. 躍步雲頂

　　起身，雙腳向左側方旋跳，體左轉 360 度，右腳落下，左腳後抬不落地，同時雙掌隨身勢旋轉，上展於頭上兩側，掌指向上，目視右前方。（圖 275）

10. 弓身架刺

　　左腳在後一步下落，兩腳為軸，體左轉 180 度，使兩腿

圖 276　　　　　　　　　　圖 277

114

變成左弓步，同時左掌環
弧橫架頭前上方，掌指斜
向右，右掌隨身勢刺向前
方，掌指向前，目視前
方。（圖 276）

圖 278

11. 倒雲頂掌

　　雙腳向右側旋跳，體
右轉 360 度，左腳下落，
右腳後抬不落地，同時雙
掌隨身勢旋轉，展於頭前斜上方，兩掌指斜向前，目視前左
側。（圖 277）

12. 獨立架刺

　　右腳在身後為軸下落，身體右轉 90 度，提左膝成獨立
勢，同時雙掌由左向右架刺，左掌橫架頭上前方，右掌刺向
右側方，兩掌指向右，目視右前方。（圖 278）

13. 回頭架刺

左腳在左側落下，提右膝成獨立勢，同時雙掌由右向左架刺，右掌橫架頭上前方，左掌刺向左側方，兩掌指向左，目視左前方。（圖279）

圖279

14. 右蓋途步

右腳在左腳內側落下，兩腳併步屈膝全蹲，變成蹲步，同時雙掌由上向右下側劈蓋砸擊，兩掌指斜向前，目視雙掌。（圖280）

圖280

15. 左蓋途步

上動不停，起身雙手斜提雙掌，向左橫移五步，雙腳為軸體左轉180度，兩腳成併步，屈膝全蹲，同時雙掌隨身勢旋轉，然後雙蓋，劈於前方，兩掌指斜向左前方，目視雙掌。（圖281）

圖281

圖 282　　　　　　　　　圖 283

16. 插花蓋頂

　　起身，雙手握掌，向右橫移，然後兩腳為軸，體右轉270度，右腳在前成高虛步，同時雙掌隨身勢，在頭上環弧右轉，展於頭上兩側，掌指斜向上，目視前方。（圖282）

17. 獨立平端

　　上動不停，抬右腳落在左腳後半步，雙腳為軸，體右轉90度，抬左腿成獨立勢，同時雙掌在頭上，由左向右劃弧，斜展於身前方，兩掌指斜向右前側，目視兩掌。（圖283）

18. 大虎抱頭

　　左腳在左側著地，兩腳向左旋跳，體左轉270度，右腳下落，左腳後抬，同時雙掌隨身勢左旋，然後外展於前後側方，左掌在前，右掌在後，兩臂高與肩平，兩掌指向上，目

圖284

圖285

圖286

視右前方。（圖284）

　左腳落在右腳後，兩腳為軸，體向左轉180度，兩腿成左弓步，左掌隨身勢上架頭上前方，掌指向上，右掌環弧斜刺於身前下方，掌指斜向前，目視右掌。（圖285）

19. 撲地打虎

　兩腳向右旋跳，體右轉270度，兩腳落成左仆步，同時右掌橫架頭上前方，左掌斜劈於身前左側，兩掌指向左，目視左前方。（圖286）

20. 獨立搖掌

　兩腳為軸，體向左轉90度，左腿前抬成獨立勢，同時

圖 287

圖 288

雙掌由前向後上方環弧，然
後直臂向前後展開，兩臂高
與肩平，右掌在前，左掌在
後，兩掌指向上，目視前
方。（圖 287）

21. 八步趕蟾

左腳落在前方一步，右
腳在後扒地抬起，成扒沙
步，同時雙掌向後下環弧掄
轉，左掌挑撩於左前上方，

圖 289

右掌後撩於身右上側，兩掌指斜向上，目視前方。（圖
288）

右腳落在前方一步，左腳在後扒地抬起，成扒沙步，同
時右掌由後向下，環半弧挑刺於前上方，左掌由前向後掄劈
於左後上側，兩掌指斜向上，目視前方。（圖 289）

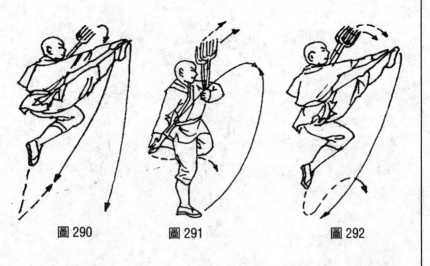

圖290　　　　　圖291　　　　　圖292

119

22. 接掌二起

　　兩掌會於胸前，將掌交予左手，兩腳同時跳起，右腳向前上方彈踢，當全身騰空時，出右掌由右上向下拍擊右腳面（響亮），左掌屈肘抱於左肋前，掌指向上，目視前方。（圖290）

23. 代腿二起

　　兩腳先後落地，速抬左腳向後踹蹬，同時右掌向後由右向左拍擊左腳跟內側，左掌屈肘抱於胸前左側，掌指向上，目視前方。（圖291）

　　左腳不落地，右腳向前上方彈踢，當全身騰空時，速出右掌由上向下，拍擊右腳面（響亮），左掌屈肘抱於胸前，掌指向上；目視右腳前方。（圖292）

24. 拱掌擺腳

兩腳先後落地為軸，體右轉 90度，抬左腳成獨立勢，同時雙掌屈肘拱於胸前，掌指斜向上，目視前方。（圖 293）

圖 293　　　圖 294

右腳向右上方彈踢體右轉 180 度，當全身騰空時，速出右掌，由右向左擺擊右腳面（響亮），左掌屈肘抱於胸前，掌指斜向上，目視右腳。（圖 294）

25. 獨立雙推

兩腳下落為軸，體右轉 90 度，左腳在後微抬起，同時右手接掌，雙掌由後推向前方，掌指向上，目視前方。（圖 295）

圖 295

26. 轉身穿掌

左腳在右腳後著地，兩腳為軸，體左轉 180 度，抬右腳，前上一步，兩腿成右虛步，同時雙掌由後向前下方劈

圖 296

圖 297

圖 298

砸，甩於左下側，掌指
斜向下，目視左前下
方。（圖 296）

　　兩腳為軸，體左轉
270 度，抬左腳橫移一
步落於右腳內側，兩腿
變成高馬步，同時雙掌
隨身勢掄轉上展於頭上
兩側，掌指向上，目視
左前方。（圖 297）

27. 前舞花掌

　　兩腳為軸，體左轉 90 度，抬右腳前上一步，成右高弓
步，同時雙掌由上向前舞花掄轉，右掌掄劈於身前，掌指向
前，左掌掄轉挑架於頭後左上側，掌心向上，目視前方（圖
298）；兩腳不動，雙掌繼續向前舞花掄劈，左臂壓在右臂

圖 299

圖 300

上方，兩臂交插舞花，左掌在前，右掌在後，兩掌指向外，目視前方。（圖 299）

　抬左腳前移一步，同時雙掌繼續向前掄轉一圈，然後雙掌外展於前後兩側，掌指向上，目視前方。（圖 300）

圖 301

28. 挾掌旋風

　抬右腳前上一步，兩腿變成右弓步，同時左掌由前向下，環弧後挑，挾於右腋下，掌指斜向後，右掌由後向前方斜劈，掌指斜向上，目視右前方。（圖 301）

　雙腳跳起，右腳向左上方旋踢，體左轉 360 度，當全身騰空時，速用左掌由左向右，拍擊右腳掌內側，右掌展於頭

上右側，掌指向上，右腋
挾左掌，掌指斜向後，目
視右腳。（圖 302）

29. 雲頂雙獻

　　兩腳前後落地為軸，
體左轉 90 度，兩腿成馬
步，同時雙掌隨身勢下
落，右掌下落右側，掌指
斜向右，左掌落於身後，
掌指斜向後，左手屈肘接
掌把，目視前方。（圖
303）

　　左腳左移，右腿提膝
成獨立勢，同時雙掌由右
向左，繞頭上環弧一圈，
然後斜穿於左側上方，兩
掌指向上，目視前方。
（圖 304）

30. 回身插掌

　　右腳落在右側半步，
兩腳為軸，體右轉 90
度，左腳後踢彈起，身向
前探，同時雙掌隨身勢，
交插於頭前方，左掌在

圖 302

圖 303

圖 304

上，右掌在下，兩掌指
向外，目視前下方。
（圖305）

31. 雁勢雙飛

左腳落於右腳前半
步，抬右腳向後翹起，
同時雙掌在左右兩側各
自環弧，然後外展於左
右兩側，掌指斜向前，
目視前方。（圖306）

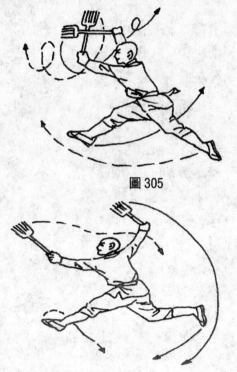

圖305

32. 撤身右刺

右腳落在左腳後方
一步，兩腳為軸，體右
轉90度，抬左腳內收
半步，腳尖點地，同時
右掌由上向下，刺於右
側下方，掌指向下，左
掌上穿於左上側，掌指
向上，目視左前方。
（圖307）

圖306

33. 回手左刺

左腳尖外旋腳跟落
地，兩腿為右高弓步，

圖307

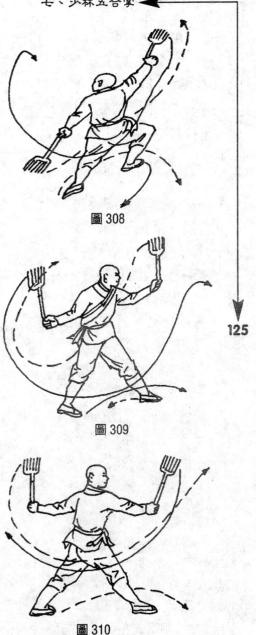

同時右掌向上挑穿於右上側，掌指斜向上，左掌由上下刺於左下側，掌指斜向下，目視左前方。（圖308）

34. 左右插花

右腳後移，兩腳為軸，體右轉90度，抬左腳前上一步，兩腿變成左高弓步，同時雙掌由左向右上下環弧甩撩，然後外展於前後兩上側，左掌在前，右掌在後，兩掌心向上，目視前方。（圖309）

抬左腳外移，再抬右腳前上一步，變成右高虛步，同時兩掌由右向左上下環弧甩撩，然後展於前後兩側，右掌在前，左掌在後，兩掌指斜向上，目視前方。（圖310）

抬左腳前上一步，兩腿成左高弓步，同時

圖308

圖309

圖310

雙掌由左向右環弧甩
撩，左掌撩在身前方，
掌指斜向上，右掌甩在
身後方，掌指向後，目
視前方。（圖311）

圖311

35. 登山打虎

雙腳向前旋跳，體
左轉180度，右腳落
地，左腳後抬不落地，
同時雙掌隨身勢左旋，
然後展於兩側上方，掌
指斜向上，目視右前
方。（圖312）

圖312

左腳落在右腳後方
一步，兩腳為軸，向左
轉體180度，兩腿成左
弓步，同時左掌由後向
前擺刺，掌指斜向前，
右掌直刺，掌指向前，
目視前方。（圖313）

36. 虛步斜刺

右腳為軸，體右轉
180度，抬左腳上半
步，兩腿成左虛步，同

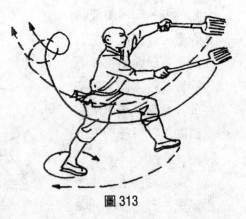

圖313

時雙掌隨身勢環弧斜刺挑
於身前兩側，掌指向上，
目視前方。（圖314）

37. 腋下插花

抬右腳上一步，兩腿
成右虛步，同時兩掌向前
下方環弧撩劈，右掌劈於
身前下方，掌指斜向前，
左掌撩於右腋下後側，掌
指斜向上，目視前方。
（圖315）

38. 地下滾身

上身向前搶背落地，
兩腳離地向前滾翻 270
度，後背著地，兩掌十
字交插於胸前，右臂在
外，左臂在內，兩掌指斜
向外，目視前方。（圖
316）

39. 地堂翻花

兩腳屈膝向上內收，
同時兩掌繞身前環弧向左
旋轉，右掌轉於右下側，

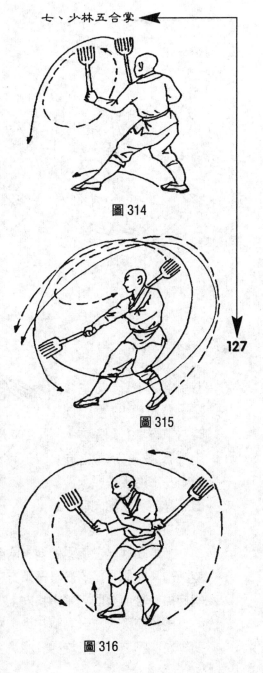

圖 314

圖 315

圖 316

圖 317

圖 318

左掌轉於左上側，兩掌指向外，目視右下方。（圖 317）

　左腳向右側絞腿，右腳經左腿後向左絞腿，體右轉 90 度，同時右掌經身右側下方，旋掃於身後，掌指向後，左掌由後經頭上旋歸於身前，掌指向前，目視左掌。（圖 318）

圖 319

　上身離地向左旋歪倒地，兩腳向右旋轉斜蹬，同時左掌旋腕經身左側，旋掃於身後下方，掌指斜向下，右掌經身右側旋掃於身前上側，掌指斜向上，目視前方。（圖 319）

　兩腳前後絞腿，右腿在後，左腿在前，同時左掌由後向前經左側下方，向上旋掃於頭後上側，掌指向上，右掌由前

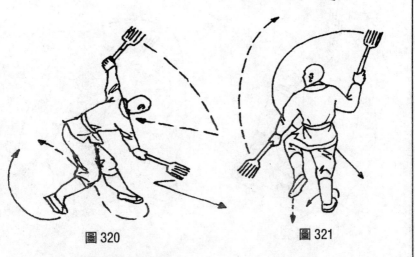

圖 320

圖 321

向上向後下旋掃，經右側下方，掃
於身前下側，掌指斜向下，目視右
掌。（圖 320）

40. 護身轉環

兩腿屈膝兩腳蹬地起身，右腿
直立，左腳提膝成獨立勢，同時雙
掌收回身前後再迅速上下穿劈，右
掌上穿頭上右側，掌指向上，左掌
下劈於左下側，掌指斜向下，目視
左前方。（圖 321）

圖 322

129

左腳下落，兩腳為軸，體左轉
60 度，右腳微抬，同時右掌由上向下斜劈於身後下側，掌
指向下，左掌由下向上挑刺於頭前上方，掌指斜向上，目視
前方。（圖 322）

右腳前上一步，左腳上提，成獨立勢，同時右掌由下向

圖 323

圖 324

上，挑刺於頭上前方，掌指
向上，左掌由上向下斜劈於
身後左下側，掌指斜向下，
目視前方。（圖 323）

41. 後劈架刺

左腳落在右腳前一步，
兩腿成高虛步，同時左掌由
下向上架挑穿刺，右掌由前
上方，向下猛劈於右後下
側，掌指斜向下，目視前方。（圖 324）

圖 325

42. 搖掌飛腳

抬右腳前上一步，兩腿成右虛步，同時右掌由後向上，
再向前下方斜劈，掌指斜向下左掌由前向下經右側環弧後
挑，挾於右腋下，掌指斜向後，目視前下方。（圖 325）

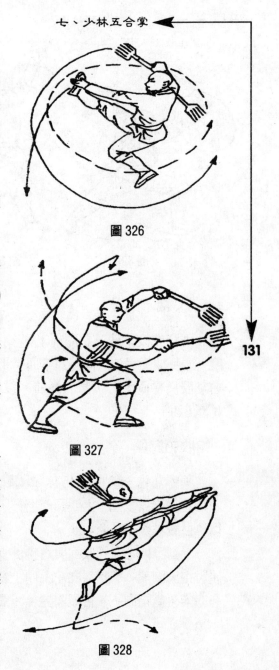

兩腳跳起，右腳向左上方旋踢，體左轉360度，當全身騰空時，速用左掌由左向右，拍擊右腳掌內側，右掌斜展於右上前側，掌指斜向前，左掌挾在右腋下，掌指斜向後，目視右腳。（圖326）

圖 326

兩腳前後落地，兩腳為軸，體左轉180度，兩腿成左弓步，同時左手接掌，環弧橫架頭前方，掌指斜向右，右掌環弧向前直刺，掌指向前，目視前方。（圖327）

圖 327

兩腳向右旋跳，右腳向右上方彈擺，體右轉360度，同時兩掌合併交予左手，屈肘抱於左肋前側，掌指斜向上，右掌由右向左擺擊右腳面，目視右腳。（圖328）

圖 328

131

圖 329 　　　　圖 330 　　　　圖 331

43. 抱掌觀天

兩腳先後落地，右腳前上半步，兩腳為軸，體右轉 90
度，兩腿成橫弓步，同時左掌屈肘抱於胸前，掌指斜向上，
右掌展於右側上方，掌心向前，掌指斜向上，目視前方。
（圖 329）

收招歸原

兩腳為軸，體右轉 45 度，兩腳前後換步，成左虛步，
同時右掌環弧變拳，上沖頭前上方，拳心斜向前，掌指斜向
後，目視左側。（圖 330）

上動不停，左腳收回與右腳併步站立，身胸挺直，左掌
屈肘抱於胸前，掌指斜向左上側，右掌貼於右大腿外側，掌
心向內，掌指向下，目視前方。（圖 331）

八、少林轉堂拐

（一）少林轉堂拐簡介

遠古時南極壽星使用單拐，列國時有孫臏用雙拐，以後又有八仙之一的鐵拐李用單拐，他們的拐各有特色。福居禪師收集眾家之藝入寺，又取名少林轉堂拐，雙拐法有 36 招，到元代惠矩法師練出 48 拐；明代洪榮、道胡、同隨、玄魁等高僧研練使之增至 64 拐，至清代湛舉、湛可，湛樂、寂聚、寂亭、淳念、淳密等精研至 92 拐，相傳馬希貢至今。

少林轉堂拐，在禪堂可做老僧扶杖，在外可用於背行李雲遊四方，也可練功看守寺院，在危急時可以抵擋盜賊歹徒的襲擊。它擅破槍棍鞭等兵器，是兩用防身的秘傳武器。

少林轉堂拐的技法主要有：劈、點、掃、撥、打、挑、撩、擺等。

馬希貢老師曰：

少林轉堂拐沉香，流傳少室正一雙。

雲遊八方行李背，若遇賊盜可提防。

擅破群敵槍刀棍，勾掛劈點把賊擋。

弟子學會此門技，遊走天下心不慌。

少林名家張義華曰：

拐法玄妙難猜想，雙手掄開敵心慌。

前後左右似車輪，上下翻飛緊跟上。

成名高士心膽怯，大羅金仙也著忙。

若要解透拐中妙，還須苦練經風霜。

1. 歌　訣

轉堂拐子有一雙，流傳少林玄妙方。
湛舉法師傳宗寶，寂亭法師繼藝強。
傳給弟子淳密學，七十二招把敵防。
前打八拐迎貴客，後打八拐八門敞。
左打八拐獸搖頭，右打八拐雁飛翔。
上打八拐龍盤頂，下打八拐下海塘。
快打八仙過東海，慢打劉公下地藏。
快慢八方全打過，絕命八拐護法堂。
有名招法七十二，打罷上方打下方。
強敵遇到轉堂拐，難逃敗陣一命亡。
弟子學會神拐法，遊遍乾坤勝豪強。

134

2. 動作順序

起勢、大鵬展翅、大仙迎客、羅漢出山、烏龍盤頂、獅子搖頭、坐虎擊敵、單風貫耳、大雁斜飛、海底尋針、枯樹盤根、鴿子翻身、猛虎跳澗、十字棚檁、大仙使禮、仙人關門、神仙敞門、金龍盤柱、丹鳳展翅、魁星抱斗、腳跟北斗、劉全進瓜、洞賓醉酒、拐李下山、湘子吹笛、鍾離揮扇、仙姑雙飛、彩和挎籃、國舅敲板、果老騎驢、收招歸原。

圖 332　　　　　圖 333　　　　　圖 334

（二）少林轉堂拐套路圖解

起　勢

　　足立八字，身胸挺直，雙手握拐把，拐頭向下，拐嘴向外，拐根向上，拐杆緊貼兩臂外側，目視前方。（圖 332）

1. 大鵬展翅

　　右腳尖內旋，膝微屈，左腿抬起，橫擔於右膝上方，同時雙拐頭向兩側直臂外展，拐嘴向下，拐根在背後相交，目視右前方。（圖 333）

2. 大仙迎客

　　左腳向左橫跨一步，兩腳為軸，體左轉 90 度，右腳自後向前抬起，成獨立勢；同時雙拐頭隨身勢，向前直臂衝擊，拐嘴向下，目視前方。（圖 334）

3. 羅漢出山

右腳前上一步，兩腿成大
叉步，同時左拐向前挑點，拐
頭斜向前，拐嘴斜向下，右拐
背護於身後右側，拐頭斜向
後，拐嘴斜向上，目視前方。
（圖335）

圖335

4. 烏龍盤頂

左腳自後向前抬起，成獨
立勢，同時右拐根向前上方旋
轉，盤打於左前外側，拐頭斜
向前，拐嘴斜向下，左拐背於
身後，拐頭斜向後，拐嘴斜向
上，目視前方。（圖336）

圖336

5. 獅子搖頭

左腳落在右腳前方一步，
右腳在後扒地抬起，成扒沙
步，同時右拐由前向右旋轉，
掃於身後右下方，拐根斜向
下，拐把斜向後，左拐由身後
向左旋轉，橫掃於前方，拐根
斜向前，拐把斜向下，目視前
方。（圖337）

圖337

136

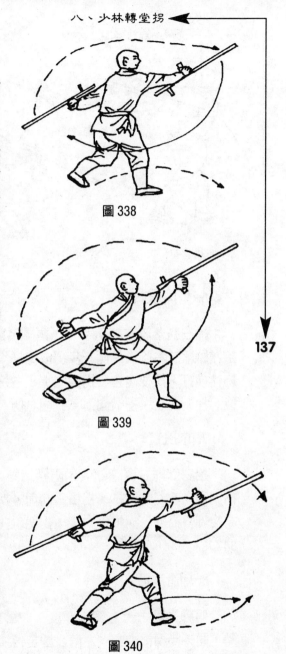

右腳前上一步，左腳扒地後抬，成扒沙步，同時右拐由後向前上方旋轉橫掃，拐根斜向前，拐把斜向上，左拐由前向身後旋轉掃擊，拐根斜向後，拐把斜向下，目視前方。（圖338）

圖338

左腳前上一步，兩腿成左弓步，同時左拐由後向前旋轉橫掃，拐根斜向前，拐把斜向下，右拐由前向身後旋轉掃擊，拐根斜向後，拐把斜向下，目視前方。（圖339）

圖339

右拐再向前旋掃，左拐再向後旋掃，兩拐根向外，左拐把向下，右拐把向上，目視前方。（圖340）

圖340

137

圖 341   圖 342

138

6. 坐虎擊敵

抬右腳落於左腳前半步，兩腳為軸，體向左轉 90 度，抬左腳落於右腳後外側一步，成倒插步，同時左拐由左向右旋轉橫打，拐根向右，拐嘴向上，右拐由右旋轉，後掃於身後，拐頭向右，拐嘴向下，目視右側。（圖 341）

7. 單風貫耳

抬右腳向右橫跨一步，兩腳為軸，體向右轉 90 度，右拐向後向前旋轉橫打，拐根斜向前，拐把斜向上，左拐由前向後旋轉掃擊，拐根斜向後，拐把斜向下，目視前方。（圖 342）

8.大雁斜飛

兩腳為軸，體右轉 180 度，左腳在前方提膝，成獨立勢，同時雙拐根由右向左隨身勢旋轉掃打，兩臂高於肩平，兩拐根向外，拐嘴向下，目視前方。（圖 343）

9. 海底尋針

左腳上前一步，
右腳在後抬起，同時
左拐由後向前下方旋
轉掃打，拐根斜向
下，右拐由前向後旋
轉掃打拐根斜向後，
兩拐嘴斜向下，目視
前下方。（圖344）

10. 枯樹盤根

右腳前上一步，
左腳後抬，同時雙拐
由右向左旋轉掃打，
兩拐根向外，拐嘴向
下，目視前方。（圖
345）

左腳在右腳前方
一步落下，兩腿成左
弓步，同時左拐由後
向前下方旋轉掃打，
拐根斜向前，右拐由
前向後上方旋轉撥
打，拐根斜向後，兩
拐嘴斜向下，目視前

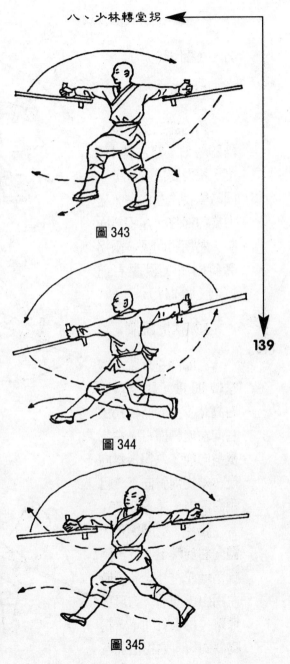

圖 343

圖 344

圖 345

方。（圖346）

11. 鷂子翻身

抬右腳前上一步，兩腳為軸，體左轉180度，提左腿成獨立勢，同時雙拐由右向左，猛力旋轉掃打，左拐斜向前，右拐斜向後，兩拐嘴斜向下，目視右前方。（圖347）

12. 猛虎跳澗

右腳向左旋跳，體左轉90度，兩腿落成右高仆步，同時雙拐由右向左旋轉掃打，右拐根斜向前，左拐根斜向後，兩拐嘴斜向下，目視右前方。（圖348）

起身，雙腳跳起，體向右旋轉180度，兩腳落地成左仆步，同時左拐由後向前下方環弧劈擊，拐根斜向下，拐嘴斜向後，右拐由前環

圖346

圖347

圖348

圖349　　　　　　圖350

弧上挑於身後右上方，
拐根斜向上，拐嘴斜向
後，目視前下方。（圖
349）

13. 十字棚樑

起身兩腳為軸，體
右轉180度，左腳離地
向前移半步，腳尖點
地，同時雙拐根由兩側

圖351

向前上方十字棚樑，交插於頭前上方，雙拐嘴斜向下，目視
前方。（圖350）

14. 大仙施禮

抬右腳前落於左腳內側，右腳後抬，同時雙拐杆外展於
肋下兩側，然後雙手用拐頭前點，拐根向後，拐嘴向下，目
視前方。（圖351）

15. 仙人關門

右腳落在左腳前方半步，抬左腳，成獨立勢，同時雙拐根由後向前，旋轉掃打，兩拐根向前，拐嘴向下，目視前方。（圖352）

圖 352

16. 神仙敞門

左腳上前一步，兩腿成左弓步，同時雙拐由前向兩側展臂分開，拐根斜向外，拐嘴斜向下，目視前方。（圖353）

圖 353

17. 金龍盤柱

抬右腳前上半步，左腳後移，使兩腿成跪步，同時雙拐由兩側，向前下方挾擠，拐根斜向前，拐嘴斜向下，目視前下方。（圖354）

18. 丹鳳展翅

起身右腳碾地右旋，抬左腳向前彈踢，同時右拐由

圖 354

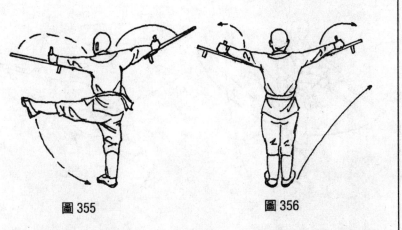

圖 355　　　　　　　　圖 356

前向後橫潑，掃打於身
後右側方，左拐由下上
挑於前方，兩拐根向
外，拐嘴向下，兩臂高
與肩平，目視右前方。
（圖 355）

19. 魁星抱斗

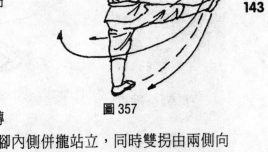

圖 357

右腳為軸，體右轉
90 度，左腳下落於右腳內側併攏站立，同時雙拐由兩側向
內旋轉掃打交插於胸前，雙拐頭向外，拐嘴向下，目視前
方。（圖 356）

20. 腳踢北斗

左腳尖內旋，右腳向右側彈踢，同時雙拐根由胸前向兩
側直臂外展，兩臂高與肩平，拐根向外，拐嘴斜向前，目視
右側（圖 357）；右腳在右側落下雙腳為軸，體右轉 90

圖 358

圖 359

圖 360

度，抬左腳向前上方蹬踢，同肘雙拐由左向右旋轉，橫掃於右側後方，兩拐根斜向後，拐嘴斜向下，目視前方。（圖 358）

21. 劉全進瓜

左腳落在右腳前方一步，兩腿變成左弓步，同時雙拐由後經右側，向前點擊，拐根向前，拐嘴向下，目視前方。（圖 359）

22. 洞賓醉酒

左腳內收半步，成為左虛步，身微後仰，同時雙拐由前向後展臂後掃，兩拐根斜向後，拐嘴斜向下，目視前方。（圖 360）

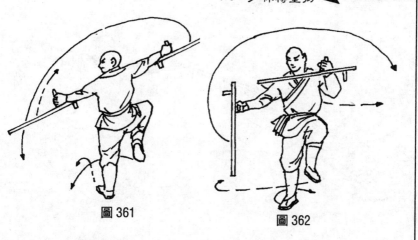

圖 361　　　　　圖 362

23. 拐李下山

左腳為軸，體左轉 135 度，提右膝成獨立勢，同時右拐由後向上側挑擊，拐根斜向右，拐嘴斜向下，左拐由上向下劈擊，拐根斜向左，拐嘴斜向下，目視左側。（圖 361）

24. 湘子吹笛

右腳落於左腳前半步，兩腳為軸，體左轉 135 度，左腿提膝成獨立勢，同時左拐屈肘上提，護於脖項前，拐根向右，拐嘴向下，右拐隨身勢下劈於右側下方，拐根向下，拐嘴斜向外，目視前方。（圖 362）

25. 鍾離揮扇

右腳蹉跳右旋，體右轉 270 度，兩腳落地成右弓步，同時右拐由後向前旋轉，外擺於前方，拐根向前，拐嘴向下，左拐隨身勢屈肘穿點於前方，拐根向前，拐嘴向上，目視前方。（圖 363）

圖363　　　　　　　　　　圖364

26. 仙姑雙飛

抬右腳向後踮跳，兩腳為
軸，體右轉135度，左腳後擺，
同時右拐由左向右環弧掃擊，左
拐展臂斜挑，雙拐前後展開，兩
臂高與肩平，拐根向外，拐嘴向
下，目視前方。（圖364）

圖365

27. 彩和挎籃

左腳落在右腳後，左腳為軸，抬右腳，體左轉270度，
同時右拐隨身勢，由右向左旋掃，屈肘護於胸前，拐根斜向
左，拐嘴斜向下，左拐收護於左側，拐根斜向下，拐嘴斜向
外，目視前方。（圖365）

28. 國舅敲板

左腳為軸，體左轉135度，右腳在左腳內側落下，八字

圖 366

圖 367

站立，同時雙拐屈肘旋腕收護於胸前
方，拐根斜向左上側，兩拐嘴斜相
對，目視前方。（圖 366）

29. 果老騎驢

左腳向左半步，屈膝成馬步，同
時雙拐根由胸前，旋轉環弧輪展於身
後，兩拐頭斜向外，拐嘴斜向下，目
視前方。（圖 367）

收招歸原

兩腳各退半步，成八字站立，身胸挺直；同時雙拐由兩
側收回貼於兩臂外側，拐根向上，拐嘴向外，目視前方。
（圖 368）

圖 368

九、少林閉血鴛鴦鐔

（一）少林閉血鴛鴦鐔簡介

鴛鴦鐔出於唐代，後至宋代傳入少林寺，僧人將之作為練武防身的武器，共有 28 招。經元代智聚，明代悟雷、洪榮，清代靜紹、如容、湛舉、寂聚等高僧精心苦練增至 48 招，相傳至今。

少林閉血鴛鴦鐔的技法主要有：直劈、斜劈、橫掃、直刺、斜刺、撩撥、挑架、崩砸、倒掃等，是寺僧看家護院驅賊防盜的秘傳稀有武器。它可以抵擋各種兵器，難招難防，更難以練習，練習者需慎之，以防自己受傷。

徐敏武老師曰：

少林傳下二人鐔，蹦縱跳躍太靈活。

行南就北快如電，走東過西賽風魔。

雙鐔通身鐔如針，群敵一見無法躲。

橫豎衝殺只一陣，敵人敗陣去逃脫。

1. 歌　訣

鴛鴦雙鐔手中攔，身形搖動威風挪。

雙鐔通身如鋼針，雙方難避又難躲。

獅子搖頭左右掃，猛虎出洞猛又惡。

燕子穿林急如箭，腋下橫擋藏花朵。

梨花舞袖傳將令，前進急走上下拔。

偷步擺撐垂楊柳，風掃梅花如飛雪。

快馬擊敵緊連環，回身野牛過山坡。

前走二虎相爭食，雙羊抵角緊跟著。

撥開草棵蟒蛇斬，天將挑簾舉起鐸。

風擺荷葉水中漂，跳起劈山轉身落。

二鳳盤旋相爭巢，倒掛金鉤難提著。

二鶴雙飛頭上轉，登山打虎拼死活。

大仙又把佛門開，金剛力士拜佛陀。

使罷閉血鴛鴦鐸，再回少室苦苦學。

2. 動作順序

起勢、獨立敞門、左掃七星、右掃七星、毒龍出洞、野雀投林、腋底藏花、大仙甩袖、八步撩鐸、青龍出水、金鱗奔川、順風擺柳、風擺荷葉、一馬三鐸、金蛇穿林、轉身七星、上步七星、二龍交加、雙龍出海、撥草尋蛇、魁星挑簾、順風掃葉、翻劈華山、二龍鬥寶、倒掛玉瓶、燕子雙飛、跨虎登山、仙人敞門、羅漢拜佛、收招歸原。

（二）少林閉血鴛鴦鐸套路圖解

起 勢

足立八字，身胸挺直，雙手握鐸把，手心向內屈肘抱護於兩肋外前側，鐸尖向上，目視前方。（圖369）

1. 獨立敞門

左腳抬起，成獨立勢，同時雙鐸向兩側展臂分開，兩臂高與肩平，手心向前，鐸尖向上，目視左前方。（圖370）

圖 369　　　　　　　　圖 370

2. 左掃七星

左腳在左側落下，兩腳碾地為軸，體左轉 90 度，右腳跟離地抬起，成扒沙步，同時兩鐸由右向左環弧，左鐸旋挑於頭前斜上方，鐸尖斜向前，右鐸旋掃於身前左側，鐸尖斜向前左側，目視前方。（圖 371）

圖 371

3.右掃七星

抬右腳於左腳前一步，左腳在後方扒地抬起，成扒沙步，同時右鐸由左向右環弧挑架頭上前方，鐸尖向前，左鐸從左向右環弧，旋掃於右側前方，鐸尖斜向右，目視右前方。（圖 372）

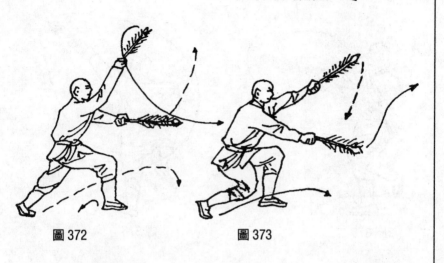

圖 372　　　　　　圖 373

4. 毒龍出洞

　　左腳前上一步，兩腿屈
膝成跪步，同時右鐔由上向
下環弧，斜刺於前下方，鐔
尖斜向前，左鐔上架於頭前
斜上方，鐔尖斜向前上側，
目視前下方。（圖 373）

5. 野雀投林

圖 374

　　起身，抬右腳前上一步，兩腿成右弓步，同時右鐔向前
挑刺於前方，鐔尖向前，左鐔屈肘收護於左肋外前側，鋒尖
向前，目視前方。（圖 374）

　　抬左腳前上一步，右腳後抬，成獨立勢，同時左鐔由後
向前直刺，鐔尖向前，右鐔屈肘收護於右肋外前側，鐔尖向
前，目視前方。（圖 375）

圖 375

圖 376

6. 腋底藏花

右腳落在左腳前方一步，兩腳為軸，體左轉90度，左腿提膝成獨立勢，同時右鐸環半弧斜刺於右上斜側，鐸尖斜向右，左鐸環弧旋掃於右腋下側，鐸尖斜向後，目視右側。（圖376）

圖 377

7. 大仙甩袖

左腳落於右腳後外側半步，兩腳為軸，體左轉180度，右腿提膝右腳向後成獨立勢，同時左鐸由右向左倒掃，斜擺於左側方，鐸尖斜向左，右鐸由右向左旋掃，護於身前，鐸尖斜向左，目視右前方。（圖377）

圖 378

圖 379

8. 八步撩鏟

左腳為軸，體右轉
90 度，右腳不落地後
撩，同時右鏟由下向上挑
架於右上側，鏟尖斜向
上，左鏟由後向前斜刺，
鏟尖向前，目視前方。
（圖 378）

圖 380

右腳向前一步，左腳
抬起，同時左鏟挑架於頭上左後側，鏟尖斜向上，右鏟由上
向後下環弧撩撥，然後刺於前下方，鏟尖斜向前，目視前
方。（圖 379）

左腳落在右腳前方一步，右腳扒地後抬，同時雙鏟由前
向後上下環弧掄轉，右鏟挑架於頭上左側，鏟尖斜向前，左
鏟斜刺於身前左側，鏟尖斜向前，目視前方。（圖 380）

抬右腳前上一步，左腳扒地後抬，同時兩鐸上下環弧輪轉，斜撩於前後兩側，右鐸在前，左鐸在後，鐸尖斜向上，目視前方。（圖381）

抬左腳前上一步，右腳扒地後抬，同時雙鐸上下環弧掄轉，斜撩於前後兩側，左鐸在前，鐸尖向前，右鐸在上，鐸尖向前，目視前方。（圖382）

右腳落在左腳前方一步，左腳在後扒地抬起，雙鐸上下前後掄轉，右鐸在前，左鐸在後，兩鐸斜挑於前後兩側，鐸尖斜向前，目視前方。（圖383）

9. 青龍出水

左腳向前方一步，兩腿成左大弓步，同時雙鐸上下環弧掄轉，右

154

圖 381

圖 382

圖 383

鏢上架頭後右側，鏢尖斜
向前，左鏢向前直刺於身
前方，鏢尖向前，目視前
方。（圖384）

10. 金蟒奔川

兩腳碾地，體右轉
180度，兩腿成扒沙步，
同時右鏢環弧，由後向前
直刺，鏢尖向前，左鏢由
後向前，斜劈於左肋外
側，鏢尖向前，目視前
方。（圖385）

左腳前上半步，抬右
腳，成獨立勢；同時左鏢
由後向前直刺，鏢尖向
前，右鏢由前收護於右肋
外側，鏢尖向前；目視前
方。（圖386）

11. 順風擺柳

左腳為軸，體右轉
270度，右腳落於左腳內
側半步，速抬左腳落於右
腳後外側半步，使兩腿成
倒插步，同時雙鏢隨身勢

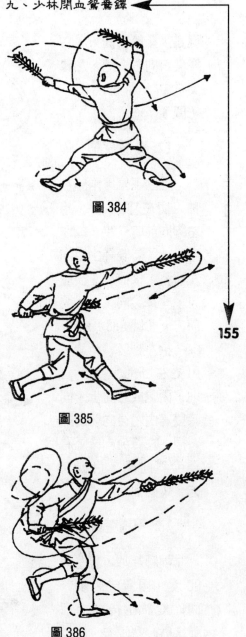

圖 384

圖 385

圖 386

155

環弧，擺於右側方，右
鐸尖斜向右上側，左鐸
尖向右，目視右側。
（圖387）

12. 風擺荷葉

上動不停，兩腳為
軸，體左轉90度，抬
左腳向前跨一步，成左
虛步，同時雙鐸由右向
左環弧，橫掃於左後側
方，雙鐸尖向後，目視
前方。（圖388）

抬左腳後移半步，
再抬右腳前上半步落
地，兩腿成右虛步，同
時雙鐸由左後向前旋掃
一圈，左鐸尖向後，右
鐸尖斜向後，目視前
方。（圖389）

13. 一馬三鐸

兩腳為軸，體左轉
90度，兩腿成馬步，
同時雙鐸由後向上環
弧，劈於右側方，鐸尖

圖387

圖388

圖389

斜向右，目視前方。
（圖390）

雙腳向左旋跳，
體向左轉360度，兩
腳落地成馬步，同時
雙鏢隨身勢環弧一
圈，劈於右側方，鋒
尖向右，目視右前
方。（圖391）

兩腳向左旋跳，
體左轉360度，兩腿
落成馬步，同時雙鏢
隨身勢環弧一圈，劈
向右側方，雙鏢尖向
右，目視前方。（圖
392）

14. 金蛇穿林

兩腳為軸，體右
轉90度，抬右腳向
前半步，左腳後抬，
同時雙鏢前後展開，
右鏢在前，左鏢在
後，兩臂高與肩平，
鏢尖向外，目視前
方。（圖393）

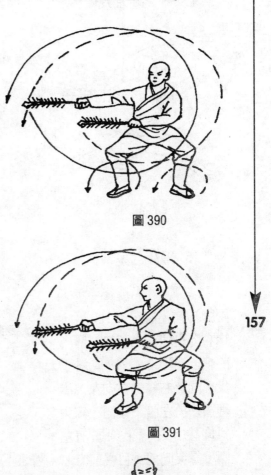

圖390

圖391

157

圖392

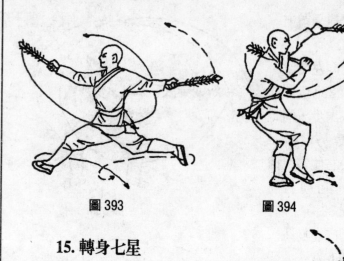

圖 393　　　　　　　圖 394

15. 轉身七星

左腳落在右腳後半步，兩腳為軸，體左轉 180 度，抬右腳迅速前上落於左腳內前側，腳尖點地，成斜丁步，同時右鐸由右向左，旋轉橫掃於左腋下後側，鐸尖斜向後，左鐸上架頭前左側，鐸尖向前，目視前方。（圖 394）

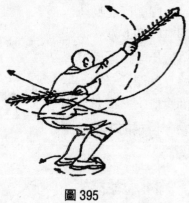

圖 395

16. 上步七星

兩腳先後向前半步，屈膝下蹲成蹲步，同時右鐸由左向右環弧，上架於頭前右上側，鐸尖斜向前，左鐸由左向右，旋轉倒掃於右肋外後側，鐸尖向後，目視前下方（圖 395）；兩腳微向左移，兩腿成丁步，同時左鐸環弧上架頭前上方，鐸尖斜向前，右鐸環弧由右前方，向後倒掃於左後

圖 396　　　　圖 397　　　　圖 398

側方，鐸尖斜向後，目視前方（圖396）；兩腳先後前上半步，兩腿屈膝成高蹲步，同時右鐸環弧上架頭前上方，鐸尖斜向上，左鐸由左前上方向右後下側斜劈，鐸尖斜向下，目視前方。（圖397）

159

17. 二龍交加

抬左腳前上一步，兩腿成左弓步，同時雙鐸由後向前，斜刺於頭前斜上方，鐸尖斜向前，目視前方。（圖398）

18. 雙龍出海

兩腳為軸，體右轉180度，兩腿成右弓步，同時雙鐸由左後方，經左側向前上方斜刺，鐸尖斜向前，目視前方。（圖399）

圖 399

19. 撥草尋蛇

兩腳為軸，體左轉135度，抬右腳與左腳併攏，兩腿屈膝成半蹲步，同時雙鐸由後上側向前左側橫掃撥撩，兩鐸尖向前，目視前方。（圖400）

圖400

20. 魁星挑簾

兩腳為軸，體右轉135度，提左腿成獨立勢，同時雙鐸隨身勢環弧，右鐸上架頭上右側，左鐸挑撩於身前方，雙鐸尖向前，目視右前方。（圖401）

圖401

21. 順風掃葉

左腳落在右腳前一步，兩腿成左弓步，同時雙鐸由前向後下環弧，然後經右側向前橫掃，擰轉挑於身前右側，兩鐸尖斜向上，目視前方（圖402）；右腳前上一步成右弓步，同時雙鐸由前向後下方環弧，然後經左側

圖402

橫掃於前方，鐔尖向前，目視前方。（圖403）

22. 翻劈華山

兩腳向左旋跳，體左轉 270 度，落地後成右仆步，同時雙鐔隨身勢環弧，崩砸斜劈於右側方，雙鐔尖向右，目視右側。（圖 404）

23. 二龍鬥寶

起身，兩腳碾地，體左轉 45 度，同時雙鐔由右後向左前上方斜刺，兩鐔尖斜向上，目視前方。（圖 405）

24. 倒掛玉瓶

兩腳為軸，體右轉135 度，右腳提膝成獨立勢，同時右鐔由上向前下方掛劈於身前，鐔尖斜向前，左鐔由後向下，經左側環弧向前架

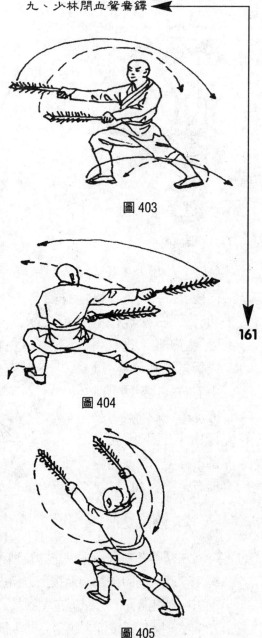

圖 403

圖 404

圖 405

161

圖 406

圖 407

於頭上左側，鐸尖斜向後，目視前方（圖406）。右腳落在左腳前方一步，提左膝成獨立勢，同時右鐸由前向上挑架頭上前方，鐸尖斜向後，左鐸由上向下掛於左側，鐸尖向前，目視前方。（圖407）

圖 408

25. 燕子雙飛

左腳落在右腳前，以左腳為軸，抬右腳向後旋踢，體後轉180度，同時雙鐸向前後上方斜展，兩鐸尖斜向外，目視前方（圖408）；右腳落在左腳後一步，兩腳為軸，右轉體180度，提左腳後挑，成獨立勢，同時兩鐸隨身勢，由左向

圖 409

圖 410

右環弧斜刺於頭前上方，鐸尖斜向前，目視左前方。（圖 409）

26. 跨虎蹬山

左腳落在右腳後一步，兩腳為軸，體左轉135 度，兩腿變成左弓步，同時左鐸環弧上架頭

圖 411

163

上方，鐸尖向後，右鐸斜劈於身前方，鐸尖斜向前，目視前方（圖 410）；雙腳向右旋跳，體右轉 270 度，同時雙鐸隨身勢旋轉，右鐸掄架於頭上前方，鋒尖斜向上，左鐸斜劈於身前下方，鐸尖向前，目視前方。（圖 411）

27. 仙人敞門

兩腳為軸，體左轉 45 度，兩腿成橫弓步；同時雙鐸展

臂外刺，兩臂高與肩
平，鐸尖向外；目視前
方。（圖412）

圖412

28. 羅漢拜佛

抬右腳向左腳併
攏，足立八字；同時雙
鐸收回，十字交插於胸
前，左鐸在外，右鐸在
內，兩鐸尖斜向上；目視前方。（圖413）

收招歸原

164

足立八字，身胸挺直，兩鐸收護於兩肋外側，鐸尖向
上，目視前方。（圖414）

圖413

圖414

十、少林兩節棍

（一）少林兩節棍簡介

兩節棍出自宋代。最早是趙太祖使的盤龍棍，在大戰中，棍折為兩斷，他請人給打成三環套月，兩頭拉環，於是就成了兩節鏈子棍，這種棍，能軟硬兼施，能疊能放。後來傳入少林寺，經寺僧研練而逐漸發展成為少林兩節棍。福居的弟子靈邱學習研練原有 36 招，到明代覺訓高僧又使之增至 48 招，再經清代清倫、靜紹、湛舉、寂亭、淳密、淳華、貞方等研練又增至 64 招並傳流至今。

少林兩節棍攜帶方便，能用於背行李，也可防身自衛，看守寺院，驅趕盜賊，懲治歹徒，還能對付各種兵器，威力很大，是寺僧得心應手的武器。

少林兩節棍的主要技法有：掃、劈、撥、撩、纏、甩、挑、點、架、砸等，分上中下三盤打法，逢高者擊下盤小腿部，逢矮者擊頭上部位，一般擊中部的位置為腰間，直打，斜打，橫打，反打，都可以得心應手。

貞方大師曰：

兩節棍法威力強，強敵難架又難防。

撥風扒打任軍走，上崩下砸敵著忙。

頭上插花護住頂，腳下烏龍盤樹椿。

橫豎衝殺猛力闖，群賊敗陣地下躺。

1. 歌　訣

兩節軟棍勢法全，少林相傳千餘年。

雙手抱棍金剛站，進步擺棍衝陣前。

左右撥打敵害怕，回身雲頂轉圓圈。

摧馬追殺趕強敵，撥風扒打掃青蓮。

橫掃敵兵陣前倒，玉帶圍腰轉周圈。

身後接棍雙插花，坐馬勒綱接手間。

攻關破敵甩手炮，纏脖棍法妙更先。

上步直走棍法變，腿下穿棍向後觀。

回身反手連環棍，上下劈打左右翻。

上棚下潑地下掃，上下連貫走地盤。

衝殺四門力量猛，掃擊馬腿地下癱。

風捲殘雲破敵兵，插花蓋頂護上邊。

坐馬托棍陣頭看，破開地面隨風轉。

地下插花似活龍，倒捲清風一溜煙。

凱歌還朝打勝仗，馬到成功陣陣先。

嵩山少林傳絕藝，留傳後世萬萬年。

2. 動作順序

抱棍觀風（起勢）、上步衝營、左右撩敵、轉身插花、倒捲殘雲、打馬追敵、直闖中營、仙人圍帶、背後插花、騎馬橫掃、腰背竄棍、勒馬接棍、橫掃敵兵、仙人圍腰、撥草尋蛇、橫掃千軍、陣前觀敵（又名倒捲殘雲）、打炮攻營、吳姬擔柴、金線盤龍、羅漢趕山、左右撥打、直走敵營、馬襠擊敵、回身劈敵、連環劈敵、雙手接棍、雙臂棚梁、地下

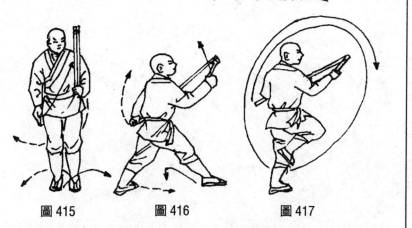

圖415   圖416   圖417

掃敵、地下掃塵、連環劈棍、打馬衝營、力殺四門、下掃馬
腿、倒繞敵兵、插花蓋頂、陣頭觀兵、馬上端棍、破地尋
風、滾地活龍、倒繞清風、收兵回營、收招歸原。

（二）少林兩節棍套路圖解

抱棍觀風（起勢）

　　足立八字，身胸挺直，左手屈肘握棍，抱於左肋外前
側，棍環向上，右掌緊貼右大腿外側，掌心向裡，掌指向
下，目視前方。（圖415）

1. 上步衝營

　　兩腳向左旋跳，體左轉90度，兩腳落成高虛步，同時
雙手抱棍，護於胸前左側，棍環斜向前，目視前方。（圖
416）

　　左腳前移半步，右腿提膝，成獨立勢，同時雙手握棍，
上抬手胸前左側，棍環斜向前，目視前方。（圖417）

167

圖 418

圖 419

2. 左右撩敵

右手握棍杆，左手握棍把，雙手向前撒棍，經右側環弧向前掄轉甩劈，棍頭斜向前，目視前方。（圖 418）

右腳落在左腳前半步，抬左腳，同時

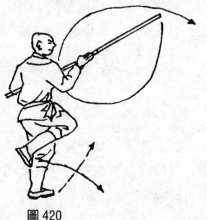

圖 420

雙手握棍，由前向下經左側，向後掄轉，甩劈於前方，棍頭斜向前，目視前方。（圖 419）

左腳落在右腳前半步，右腿抬起，同時雙手握棍由前向下，經右側環弧向上，掄劈於前方，棍頭斜向前，目視前方。（圖 420）

右腳前上一步，抬左腳，同時雙手握棍，由前向下經左

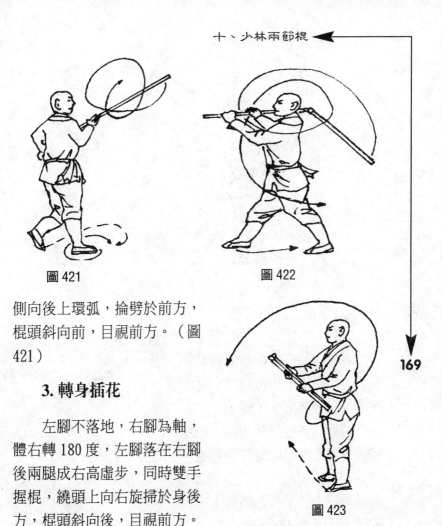

圖 421

圖 422

圖 423

側向後上環弧，掄劈於前方，棍頭斜向前，目視前方。（圖421）

3. 轉身插花

左腳不落地，右腳為軸，體右轉180度，左腳落在右腳後兩腿成右高虛步，同時雙手握棍，繞頭上向右旋掃於身後方，棍頭斜向後，目視前方。（圖422）

4. 倒繾殘雲

右腳後退與左腳併攏站立，同時雙手握棍由後向上，繞頭上向左旋轉掃擊，然後雙手收抱於胸前右側，棍環斜向前，目視前方。（圖423）

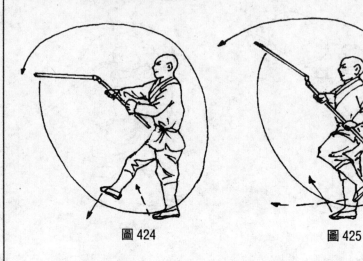

圖 424　　　　　　　　　　圖 425

5. 打馬追敵

　　右腳向前下彈踢，同時雙手握棍，由右向前撒棍掄劈，棍頭向前，目視前方。（圖 424）

　　右腳落在左腳前一步，抬左腳，成獨立勢，同時雙手握棍，由前向下，經左側向後上環弧，掄劈於前上方，棍頭斜向上，目視前方。（圖 425）

圖 426

6. 直闖中營

　　左腳落在右腳前一步，抬右腳；成獨立勢，同時右手滑把握棍，左手撒把後展於身後，掌心向外，掌指斜向後，右棍由前向下，經右側向後上環弧，掄劈於前上方，棍頭斜向前，目視前方。（圖 426）

圖 427　　　　　　　圖 428

　　右腳落在左腳前一步，抬左腳，成獨立勢，同時右棍由前向下，經左側向後上環弧，掄劈於前上方，棍頭斜向前，左掌收護於身前，掌心向下，掌指向前，目視前方。（圖 427）

　　左腳落在右腳一步，抬右腳，成獨立勢，同時右棍由前向下，經左側向後上環弧，掄劈於身前上方，棍頭斜向前，左掌外展於身後，掌心斜向下，掌指斜向後，目視前方。（圖 428）

7. 仙人圍帶

　　右腳落在左腳前一步，兩腳為軸，體向左轉 90 度，兩腿成左橫弓步，同時右棍由右向左旋掃半圈，左手在左側接棍，棍頭向左，目視前方。（圖 429）

圖 429

8. 背後插花

右腳為軸，抬左腳，體右轉
270度，左腳落在右腳後，再退右
腳成為左虛步，同時雙手握棍，由
左向右繞頭旋掃於頭後方，棍頭斜
向後，目視前方。（圖430）

收左腳與右腳併攏站立，同時
雙手握棍，在頭上左旋一圈，然後
收抱於身前左側，棍環斜向前，目視前方。（圖431）

圖430

9. 騎馬橫掃

兩腳先右後左向前上步，成左高弓步，同時雙手握棍，
由下向前上環弧，再向後下掄撩，甩於前方，棍頭向前，左
手撒把，屈肘護於左肋前側，掌心向下，掌指向前，目視前
方（圖432）；兩腳為軸，體右轉90度，兩腿成馬步，同

圖431   圖432

圖 433

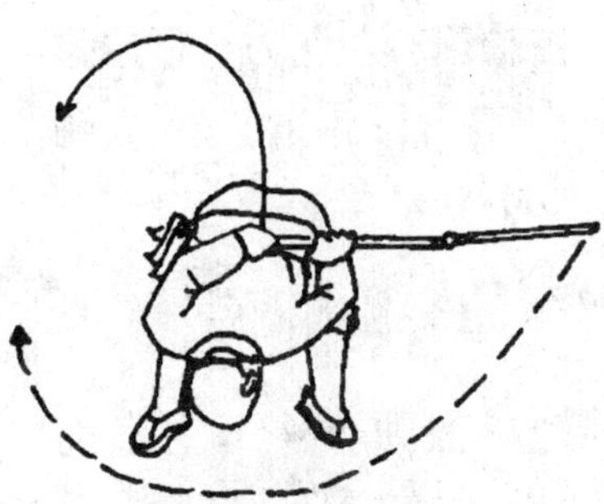

圖 434

時右棍由左向右旋轉橫掃，在身後交於左手繼續旋轉於左側交於右手，棍頭斜向左側方，左掌收護於左側下方，掌心向後，掌指向下，目視前方。（圖 433）

10. 腰背竄棍

圖 435

上體前傾低頭，同時右棍由左向右旋轉掃擊一圈，在背後雙手接棍，棍頭向左，目視下方。（圖 434）

11. 勒馬接棍

上體直起，馬步不變，同時左手握棍由左向右橫掃，右手在右側接棍把，棍頭向右，目視前方。（圖 435）

12. 橫掃敵兵

上動不停，左腳為軸，抬右腳，體左轉 180 度，右腳落下與左腳相距一步，屈膝成馬步，同時雙手握棍，隨身勢向

173

左掃擊於左側方，棍頭斜
向左，目視前方。（圖
436）

13. 仙人圍帶

上動不停，上身前
傾，頭向下低，同時左手
撒把，右手握棍由左向右
旋掃一圈，兩手在背後接
棍，棍頭斜向左前方，目
視前下方。（圖437）

圖436

14. 撥草尋蛇

上動不停，上身直
起，左手棍由左向右橫掃
於右側方，右手在右側接
棍。棍頭向右，目視前
方。（圖438）

圖437

15. 橫掃千軍

右手滑把，單手握棍
由右向左橫掃，左手撒把
後，在左側接棍，棍頭向
左，目視前方。（圖
439）

圖438

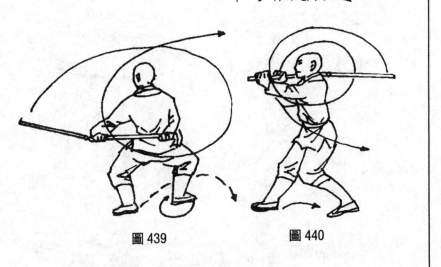

圖 439　　　　　　　圖 440

16. 陣前觀敵（又名倒捲殘雲）

右腳為軸，抬左腳，體右轉 270 度，左腳落在右腳後一步，成右虛步，同時雙手握棍，由左向右旋轉，掃纏於身後左側，棍頭向後，目視前方。（圖 440）

收右腳，與左腳併攏站立，同時雙手握棍，由後向上繞頭上左旋一圈，然後雙手收抱於右側方，棍環斜向前，目視前方。（圖 441）

17. 打炮攻營

左腳前上一步，成左虛步，同時雙手握棍，由後向前撒棍，棍頭斜向前，目視前方。（圖 442）

圖 441

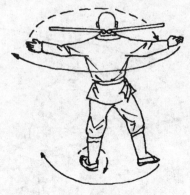

圖 442　　　　　　　　　圖 443

18. 吳姬擔柴

兩腳為軸，體向右轉
90度，成高馬步，同時
雙手握棍，由前向後右
旋，掃纏於脖後，雙手撒
開，展於兩側方，兩掌心
向前，掌指向外，目視前
方。（圖443）

圖 444

左腳為軸，抬右腳，體向右轉180度，右腳落下成高馬
步，同時棍隨身勢在脖後右旋，兩掌由左向右旋轉外展，掌
心向前，掌指向外，目視前方。（圖444）

19. 金線盤龍

兩腳為軸，體右轉90度，抬左腳前上一步，兩腿成左
虛步，同時左手握棍隨身右轉，右手屈肘接棍把，棍頭斜向
後，目視右前方。（圖445）

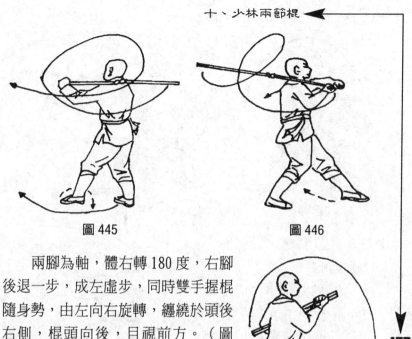

圖 445　　　　　　　　　圖 446

177

　　兩腳為軸，體右轉 180 度，右腳後退一步，成左虛步，同時雙手握棍隨身勢，由左向右旋轉，纏繞於頭後右側，棍頭向後，目視前方。（圖 446）

　　左腳後退與右腳併攏站立，同時雙手握棍，由右向左環弧旋轉，掃擊收抱於左側方，棍環斜向前，目視前方。（圖 447）

圖 447

20. 羅漢趕山

　　右腳前上一步，兩腿成右虛步，同時雙手握棍，向前撒開，環弧掄轉，甩劈於身後右側，棍頭向後，目視前下方。（圖 448）

21. 左右撥打

　　雙腿變成大叉步，同時雙手握棍向前掄轉，劈於右前

圖 448　　　　　　　　圖 449

方，棍頭向前，目視前方。
（圖 449）

　　左腳在後離地抬起，同時
雙手握棍，由前向下，經左側
向後上環弧，掄劈於前方。
（圖 450）

178

22. 直走敵營

　　左腳落在右腳前方一步，
成左高弓步，同時右手滑把向
前掄轉，直劈於身前上方，棍
頭斜向上，撒左手，然後展於
身後左下側，掌心向後，掌指
斜向下，目視前方。（圖
451）

圖 450

23. 馬襠擊敵

　　抬右腳向前彈踢，同時右

圖 451

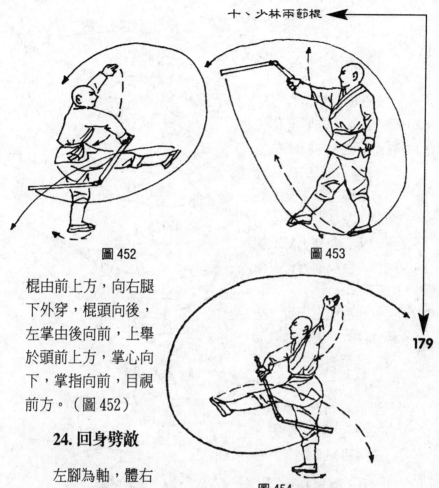

圖452

圖453

圖454

棍由前上方，向右腿
下外穿，棍頭向後，
左掌由後向前，上舉
於頭前上方，掌心向
下，掌指向前，目視
前方。（圖452）

24. 回身劈敵

左腳為軸，體右
轉180度，右腳前腳
尖點地，兩腿成右虛步，同時右棍隨身勢掄轉，劈於前方，
棍頭向前，左掌下落左大腿外側，掌心向內，掌指向下，目
視前方。（圖453）

右腳跟落地，抬左腳向前彈踢，同時右棍由前向下，經
左腿下向後穿擊，棍頭向後，左掌外展頭左上側，掌心向
上，掌指斜向後，目視前方。（圖454）

25. 連環劈敵

右腳為軸，體向左轉180度，左腳落在右腳前一步，兩腿成左虛步，同時右棍由後向前上方掄轉劈擊，棍頭斜向前，左掌甩於身後左側，掌心向外，掌指斜向後，目視前方。（圖455）

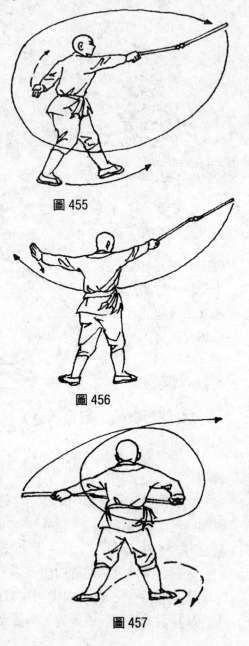

圖455

右腳前上一步，兩腳為軸，體左轉90度，同時右棍由右向下經身前向左上環弧，然後劈於右側方，棍頭斜向右，目視右前方。（圖456）

圖456

26. 雙手接棍

右手棍由上向左橫掃於左側方，左手接棍，棍頭向左，目視前方。（圖457）

雙腳向右旋跳，體向右轉270度，兩腳落

圖457

圖458

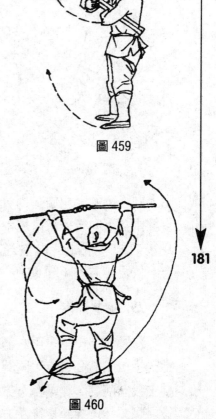

圖459

地成右虛步，同時雙手換把握棍，隨身勢向右旋轉，掃於右側後方，棍頭向後，目視前方。（圖458）

右腳收回與左腳併攏站立，同時雙手握棍，由右向左繞頭上旋轉一圈，然後收抱於左側方，棍環斜向前，目視前方。（圖459）

圖460

181

27. 雙臂棚樑

左腳提膝成獨立勢，同時雙手握棍，向頭上棚架，目視右前方。（圖460）

28. 地下掃敵

左腳落在右腳前，右腳前上半步，兩腿成高虛步，同時左手撒手，下垂於左大腿外側，手心向內，手指向下，右棍

圖 461

圖 462

由上向後繞頭上左旋一周，然
後經兩腳下向後掃擊，甩手於
身後右側，棍頭斜向右後上
方，目視前方。（圖461）

29. 地下掃塵

左腳前上一步，再右腳前
上一步，成右高弓步，同時右
棍由後向前繞，經兩腳下方向
後掃擊，然後掃於身後左方，

圖 463

左手緊靠左大腿外側，掌心向後，掌指斜向下，棍頭斜向右
後方，目視前方。（圖462）

雙腳向前旋跳，體向左旋360度，兩腳落地成右高弓
步，同時右棍隨身勢旋轉一圈，甩於身前上方，棍頭斜向
前，左掌貼於左大腿外側，掌心向內，掌指向下，目視前
方。（圖463）

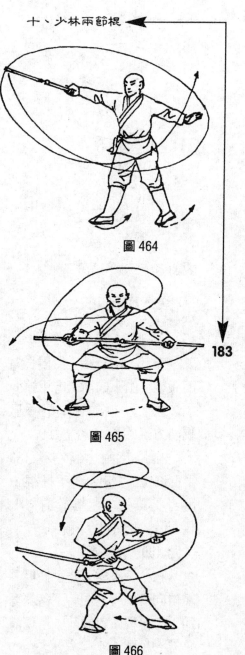

30. 連環劈棍

兩腳向前踮跳一步，同時右棍由前向下，經左側向後上環弧，掄劈於前方，棍頭向前，左掌外展左後側，掌心向外，掌指斜向後，目視前方。（圖464）

圖 464

31. 打馬衝營

兩腳為軸，體左轉90度，兩腿成馬步，同時右棍由右向左繞頭上旋轉一圈，然後掃於左側，左手接棍，棍頭向左，目視前方。（圖465）

圖 465

雙腳向右旋轉，體向右轉270度，兩腳落成左虛步，同時雙手滑把握棍，由左向右隨身勢旋轉一圈，甩於右側後方，棍頭向後，目視前方。（圖466）

左腳收回與右腳併攏站立，同時雙手握棍由右向左繞頭上旋轉兩圈，然後甩收於左側方，棍環斜向前，目

圖 466

圖 467

圖 468

視前方。（圖 467）

32. 力殺四門

兩腳先右後左向前上步，成左虛步，同時雙手握棍，向前撒棍，由下向前上方甩撩於頭後左上方，棍頭斜向後，目視前方。（圖 468）

兩腳為軸，體右轉 180度，成右弓步，雙手握棍，隨身勢環弧，甩劈於前方，棍頭斜向前，目視前方。（圖 469）

圖 469

右弓步不變，雙手握棍，繼續向前掄轉一圈，下落於身前下方，棍頭斜向前，目視前下方。（圖 470）

圖 470

圖 471　　　　　圖 472

33. 下掃馬腿

　　上動不停，左腳為軸，抬右腳，體向左轉 270 度，右腳下落，兩腿成大馬步，同時雙手握棍隨身勢環弧，甩於頭前上方，棍頭向上，目視前方。（圖 471）

34. 倒繰敵兵

　　雙腳為軸，向右轉體 90 度，兩腿成右大弓步，同時雙手換把經左側向前舞花掄轉兩圈，右手握棍掄劈於前方，棍頭斜向前，左手撒把，屈肘護胸，掌心向右，掌指向上，目視前方。（圖 472）

35. 插花蓋頂

　　左前腳上一步，兩腳為軸，體向右轉 180 度，兩腿成高虛步，同時雙手握棍，隨身勢向右旋轉兩圈，甩於右側後方，棍頭向後，目視前方。（圖 473）

圖 473

圖 474

36. 陣頭觀兵

右腳後退與左腳併攏
站立，同時雙手握棍，繞
頭上左旋一圈，甩抱於身
左側，棍環斜向前，目視
前方。（圖 474）

37. 馬上端棍

圖 475

左腳前上一步，兩腳為軸，體向右轉 90 度，兩腿屈膝
成馬步，同時兩手握棍隨身勢，向前上環弧一圈，甩於身右
側方，棍頭斜向右，目視左前方。（圖 475）

38. 破地尋風

兩腳為軸，體左轉 90 度，右腳前上一步，成右虛步，
同時雙手握棍，繞身周圍左旋一圈，旋掃於身前下方，棍頭
向前，目視前方。（圖 476）

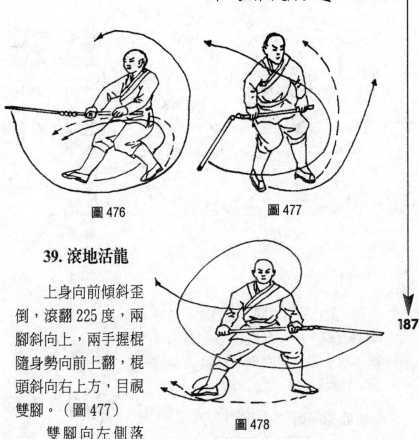

圖 476　　　　　　圖 477

39. 滾地活龍

　　上身向前傾斜歪倒，滾翻 225 度，兩腳斜向上，兩手握棍隨身勢向前上翻，棍頭斜向右上方，目視雙腳。（圖 477）

　　雙腳向左側落地，上身立起，兩腳成馬步，同時雙棍隨身勢旋甩於左側方，棍頭向左，目視前方。（圖 478）

圖 478

40. 倒綣清風

　　兩腳向右旋跳，體右轉 180 度，兩腳前後落地，兩腿成左虛步，同時雙手握棍由左向右旋轉一圈，甩於頭後右側，棍頭斜向後，目視前方。（圖 479）

圖 479

圖 480

41. 收兵回營

左腳收回與右腳併攏站立,同時雙手握棍,由右向左繞頭上纏甩兩圈,然後甩抱於左側方,棍環斜向前,目視前方。（圖 480）

收招歸原

圖 481

兩腳為軸,體右轉 90 度,兩腳立八字,右手撒把,環弧下垂於右大腿外側,掌心向內,掌指向下,左手抱棍屈肘護於左側,側環斜向上,目視正前方。（圖 481）

十一、少林趕山鞭

（一）少林趕山鞭簡介

趕山鞭遠古時為牧民放牧所用，相傳至唐宋時，農民耕田放牧也常用此物。少林寺和尚既種田也習武，所以趕山鞭也成為少林寺僧人習武的器械，先是練出了 18 鞭招。經元、明、清歷代高僧智聚、子安、覺遠、覺訓、了改、周福、宗鄉、同替、清倫、真珠和如淨等精心研練漸增至 36 招，還有絕命 7 鞭，秘不外傳，這些都是少林寺禪宗佛門的秘傳鞭法。

少林趕山鞭，在寺內便於寺僧研練護院，在寺外適宜背行李雲遊募化，趕獵犬，對付搶劫盜賊，纏拿各種兵器。少林趕山鞭難以招架，招之則出鞭打人，鞭杆還可以點穴制敵，作短棍使用，是軟硬兼備的武器。

少林趕山鞭的技法主要有：掃、劈、撩、甩、纏、撥、架、點、掄、旋、打等。

王子平老師曰：

　　鞭兒雖小丈把長，使用走開無抵擋。

　　長短兵器難招架，拐彎擺頭把敵傷。

　　遇著歹徒上面打，若想活命腿下防。

　　劈點甩擺上下掃，強敵逃跑敗回鄉。

1. 歌　訣

　　細小鞭子杆兒長，趕山填海威力強。

馬上步下能征戰，強手逢之心著忙。

長大兵器能纏卷，小巧兵器開遠方。

如果對方來招架，軟硬拐彎把人傷。

逢見惡人劈面打，若逢一般纏下方。

上打插花蓋住頂，下打烏龍盤樹椿。

左打大鵬斜展翅，右打丹鳳來朝陽。

前打太公釣魚郎，後打魚翁去撒網。

三十六招全使過，絕命七鞭陰反陽。

一鞭兩鞭上下量，三鞭四鞭左右忙。

五六鞭法照回光，臨走一鞭回山崗。

北派少林傳絕技，佛教禪林絕妙方。

2.動作順序

起勢、白鶴展翅、秦王趕山、插花蓋頂、玉帶圍腰、盤頂插花、太公釣魚、背後擊敵、橫掃千軍、力劈華山、順風掃葉、枯樹盤根、仙人圍帶、秦王舉鞭、翻身劈山、獨立甩鞭、劈山三鞭、獨龍鑽洞、童子趕牛、追風趕月、回身背鞭、龍王播雨、雷公飛天、虛步舉旗、風雷旋天、撥草尋蛇、迎風招展、撥風扒打、風掃梅花、仙人展旗、收掃歸原。

（二）少林趕山鞭套路圖解

起 勢

足立八字，身胸挺直，左手握鞭把，屈肘抱手左肋前側，杆頭向上，鞭穗頭向下，握於左手間，右掌貼於右大腿

圖 482　　　　　　　　圖 483

外側，掌心向內，掌指向下，目視前方。（圖 482）

1. 白鶴展翅

抬右腳震腳下落，體左轉 90 度，左腳在前方提膝抬腳，鞭由左手交於右手，向後甩鞭展開，鞭杆頭向上，鞭頭向下，左掌向前方推成正立掌，目視前方。（圖 483）

2. 秦王趕山

左腳前上一步，同時右鞭由後向前掃擊，鞭頭向前，右掌由前向後上外展，掌心向外，掌指向上，目視前方。（圖 484）

3. 插花蓋頂

兩腳原地不動，右手鞭由前向後，甩擺於頭上左後側，鞭穗頭向後，左掌由後下落於身後下側，掌心斜向下，掌指斜向後，目視左後側方。（圖 485）

圖 484

圖 485

4. 玉帶圍腰

右腳上提，成獨立勢，同時右手鞭由後向左，再向前環弧旋轉，掃於右後下側，鞭穗頭斜向後下方，左掌展於頭前左上側，掌心向前，掌指斜向上，目視右前方。（圖 486）

圖 486

5. 盤頂插花

右腳上前一步，兩腿成變弓步，同時右鞭由後向前上方左旋掃擊，鞭穗頭斜向後，左掌屈肘收護於胸前，掌心向右，掌指向上，目視前方。（圖 487）

左腳在後抬起，同時右鞭繼續向左後下側甩擊，鞭穗頭

圖 487

圖 488

圖 489

193

斜向後,左掌上架頭上左側,掌心向左,掌指向上,目視左側。(圖488)

　左腳上前一步,兩腿成大叉步,同時右手鞭由後向上環弧掄轉劈於右前下方,鞭杆頭斜向後,鞭穗頭向前,左掌落於身前,掌心向右,掌指斜向前,目視前方。(圖489)

　抬右腳前上一步,成大叉步,同時右鞭由下向後上環弧,然後向前方劈提,鞭穗頭向前,左掌甩於身後左側,掌心斜向右,掌指向下,目視前方。(圖490)

　兩腳為軸,體左轉135度,兩腿成高馬步,同時右手鞭,由前向後環弧左掃於身後,鞭穗頭向後,左手展於左側

圖 490

圖 491

194

方，掌心向前，掌指斜向下，目視前方。（圖491）

兩腳為軸，體右轉135度，抬左腳，成為獨立勢，同時右鞭繼續向左，旋掃於頭上左側，鞭穗頭斜向後，左掌屈肘架於頭左後側，掌心向外，掌指斜向上；目視前方。（圖492）

圖 492

6. 太公釣魚

左腳上前一步，左腳後抬，成獨立勢，同時右手鞭由後向前下方劈擊，鞭穗頭斜向下，左掌展於頭前左上側，掌心斜向上，掌指向前，目視前方。（圖493）

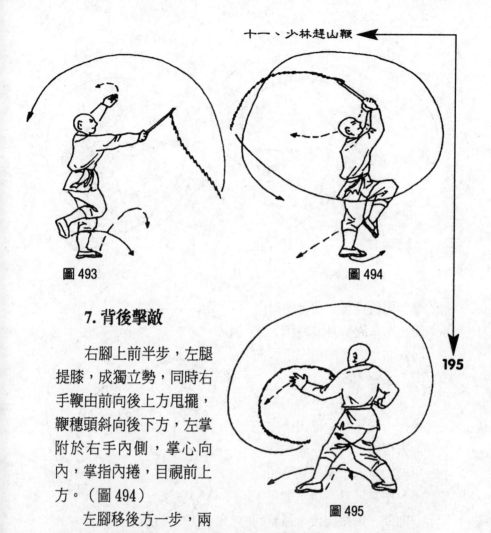

圖493　　　　　　　　　圖494

195

7. 背後擊敵

　　右腳上前半步，左腿提膝，成獨立勢，同時右手鞭由前向後上方甩擺，鞭穗頭斜向後下方，左掌附於右手內側，掌心向內，掌指內捲，目視前上方。（圖494）

　　左腳移後方一步，兩

圖495

腳為軸，體左轉180度，同時右手鞭隨身勢，由前向左旋轉掃纏一圈，掃於身前左下側，鞭穗頭斜向左下方，左掌展於身前，掌心向右，掌指向上，目視右前方。（圖495）

8. 橫掃千軍

　　抬右腳前上一步，提左腳同時右手鞭由前向右旋擺掃

圖 496

圖 497

擊，甩於身後，鞭穗頭斜向前，左掌展於身前左側，掌心向右，掌指向前，目視前方。（圖 496）

　　左腳向前方下落，右腳後抬，同時右手鞭由後向左上方環弧，向前左側掃擊，甩纏於左後下側，鞭穗頭向後，左掌展於身後左側，掌心向外，掌指向後，目視前方。（圖 497）

圖 498

9. 力劈華山

　　右腳上前一步，左腳微抬，同時右手鞭由前向上揚鞭後甩，鞭穗頭斜向前，左掌由後前撩，掌心斜向上，掌指斜向前，目視前方。（圖 498）

圖 499

圖 500

右腳跟落地，兩腿
成右弓步，同時右手鞭
由後向前劈擊，鞭穗頭
斜向上，左掌展於身後
左側，掌心斜向後，掌
指斜向上，目視前方。
（圖 499）

197

10. 順風掃葉

圖 501

左腳前上一步，兩腳為軸，體向右轉 180 度，兩腿成右
仆步；同時右手鞭由後向下，經左側甩於前方，鞭穗頭斜向
後，左掌屈肘架於頭後左側，掌心向外，掌指斜向上，目視
前方。（圖 500）

起身，左腳尖內旋，兩腿成右弓步，同時右手鞭由前向
上後甩，鞭穗頭甩於身後下方，左掌展於左後側，掌心向
外，掌指向左，目視前方。（圖 501）

右手鞭由後向前掃擺，鞭穗頭斜向後，左掌後展於身後左側，掌心向外，掌指向後，目視前方。（圖502）

圖502

右腳前移，兩腿成右仆步，右手鞭，繼續向前下甩，鞭頭斜向右下方，左掌屈肘展於頭後左側，掌心向外，掌指斜向上，目視前下方。（圖503）

198

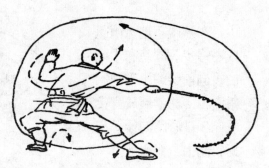

圖503

11. 枯樹盤根

起身，兩腳為軸，體左轉180度，左腿提膝，同時右手鞭由後向前左旋，掃於左腿下方，鞭穗頭斜向右後方，左掌外展左後側，掌心向外，掌指向後，目視前方。（圖504）

左腳落地，右腳

圖504

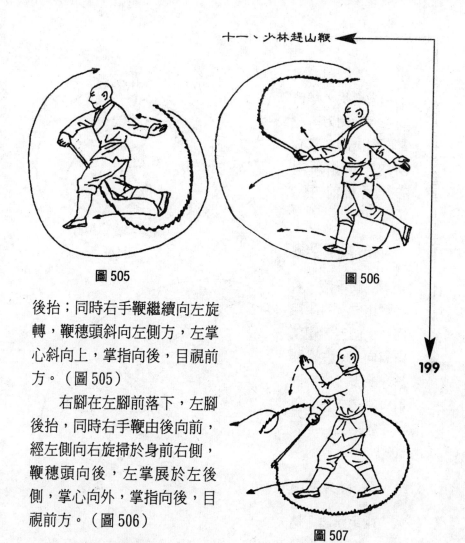

圖505

圖506

圖507

後抬；同時右手鞭繼續向左旋
轉，鞭穗頭斜向左側方，左掌
心斜向上，掌指向後，目視前
方。（圖505）

　　右腳在左腳前落下，左腳
後抬，同時右手鞭由後向前，
經左側向右旋掃於身前右側，
鞭穗頭向後，左掌展於左後
側，掌心向外，掌指向後，目
視前方。（圖506）

12. 仙人圍帶

　　左腳上前一步，兩腿成左高弓步，同時右手鞭由右向左
旋掃，甩纏於右側前方，左掌屈肘架於胸前，掌心向右，掌
指向上，目視前方。（圖507）

　　右腳前上一步，兩腳為軸，體左轉90度，兩腿成高馬

步，右手鞭用力向上抖勁纏繞，鞭穗頭甩向右側方，左掌屈肘護胸，掌心向內，掌指斜向右，目視前方。（圖508）

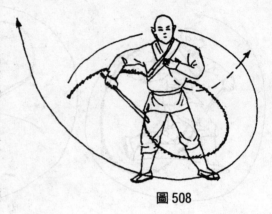

圖508

13. 秦王舉鞭

上動不停，右手鞭用力上抖，甩向右上側方，鞭穗頭斜向左，左掌展於左側方，掌心向前，掌指向左，目視右前方。（圖509）

圖509

14. 翻身劈山

兩足跳起，體左旋180度，兩腳落地成右仆步，同時右手鞭由上向下劈於右側方，鞭穗頭向右，左掌屈肘收護於胸前，掌心向右，掌指向上，目視右前方。（圖510）

15. 獨立甩鞭

起身，右腳為軸，左腿提膝，體右轉180度，成獨立

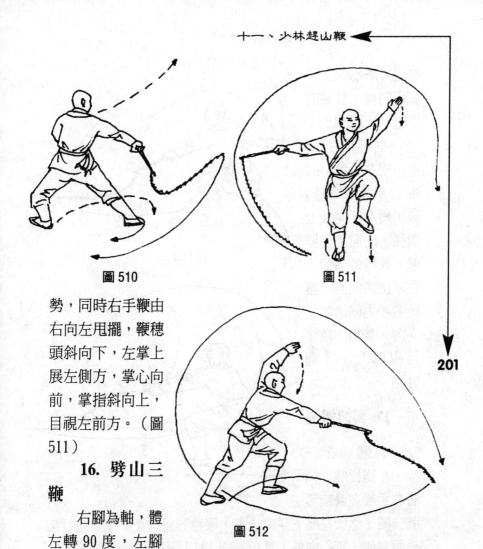

圖 510

圖 511

201

圖 512

勢，同時右手鞭由右向左甩擺，鞭穗頭斜向下，左掌上展左側方，掌心向前，掌指斜向上，目視左前方。（圖511）

16. 劈山三鞭

右腳為軸，體左轉 90 度，左腳落在右腳前一步，成左弓步，同時右手鞭由後向上環弧，然後向前下方劈擊，鞭穗頭向前，左掌展於頭左上側，掌心向下，掌指向前，目視前下方。（圖512）

右腳前上一步，成右弓步，同時右手鞭由前向後，經左側向後上環弧，向前下方劈擊，鞭穗頭向前，左掌展於身後

左側，掌心向上，掌指向後，目視前下方。（圖513）

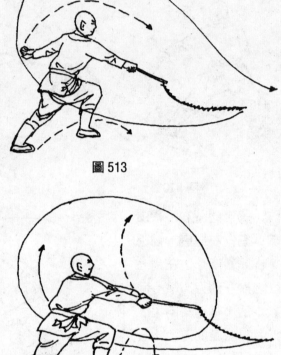

圖513

左腳前上一步，成左弓步；同時右手鞭由前向後，經右側向後上環弧，向前下方劈擊，鞭穗頭向前，左掌由後向前，護於右手內側，掌心向內，掌指內繞，目視前方。（圖514）

17. 獨龍鑽洞

右腳前上一步，左腿提膝；同時右手鞭在身前環

圖514

弧一圈，然後左腿下穿向後方，鞭穗頭斜向後，左掌屈肘架於頭左側，掌心向外，掌指斜向上，目視前方。（圖515）

18. 童子趕牛

右腳為軸，體左轉180度，左腳上前一步，兩腿成高馬步，同時右手鞭由後向頭上後側舉起上甩，鞭穗頭向上，左掌展於左前方，掌心向右，掌指向上，目視前方。（圖

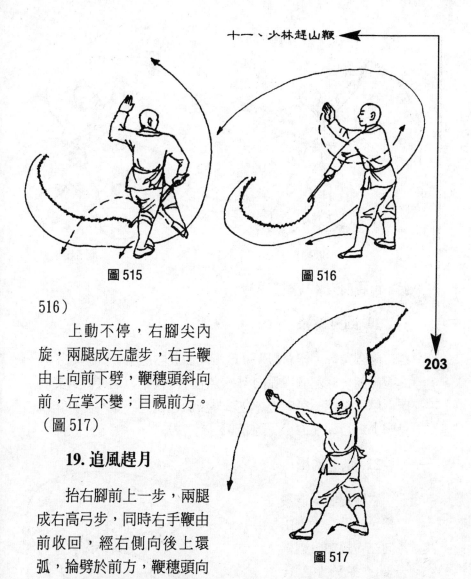

圖 515

圖 516

203

圖 517

516）

上動不停，右腳尖內旋，兩腿成左虛步，右手鞭由上向前下劈，鞭穗頭斜向前，左掌不變；目視前方。（圖 517）

19. 追風趕月

抬右腳前上一步，兩腿成右高弓步，同時右手鞭由前收回，經右側向後上環弧，掄劈於前方，鞭穗頭向下，左掌外展於左後側方，掌心向外，掌指向後，目視前方。（圖 518）

左腳上前一步，同時右手鞭由前向下繼續劈甩落地，鞭穗頭向前，左掌屈肘上架頭前左側，掌心向右，掌指斜向

圖 518 　　　　　　　　　　圖 519

上，目視前方。（圖 519）

20. 回身背鞭

兩腳為軸，體右轉 180 度，兩腿成右弓步，同時右手鞭由後向前，經左側環弧向上，撩甩於身後下方，鞭杆背於右肩上側，鞭穗頭斜向後，左掌外展於左側方，掌心向外，掌指向上，目視前方。（圖 520）

21. 龍王播雨

右腿提膝，成獨立勢，同時右手鞭由後向左，繞頭上纏繞一圈，掃於頭上後側，左掌接鞭杆，鞭穗頭斜向左，目視左後方。（圖 521）

圖 520

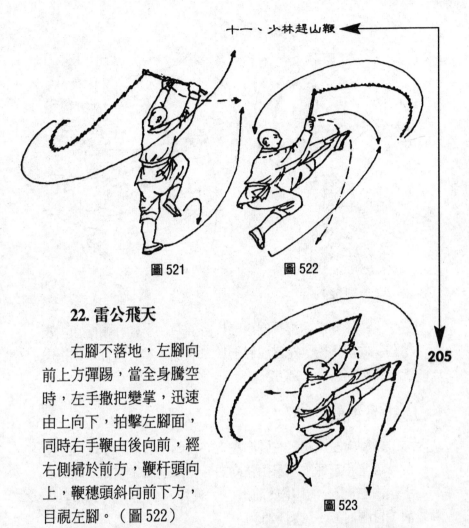

圖 521　　　　圖 522

22. 雷公飛天

　　右腳不落地，左腳向
前上方彈踢，當全身騰空
時，左手撒把變掌，迅速
由上向下，拍擊左腳面，
同時右手鞭由後向前，經
右側掃於前方，鞭杆頭向
上，鞭穗頭斜向前下方，
目視左腳。（圖522）

圖 523

205

　　左腳不落地，右腳向前上方彈踢，同時右手鞭交於左
手，由前向左甩於身後，鞭穗頭斜向後下方，右手變掌由上
向下拍擊右腳面，目視前方。（圖523）

23. 虛步舉旗

　　兩腳右前左後落地，兩腿成右高虛步，同時左手鞭交於

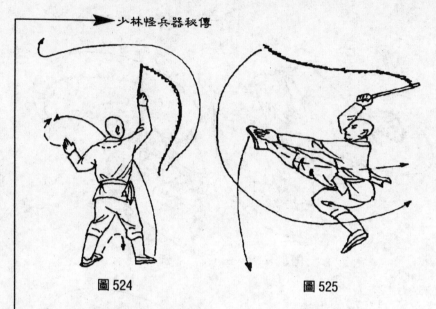

圖 524　　　　　　　　圖 525

右手，由後向前右旋乎圈，掃於身前右側，鞭杆頭向上，鞭
穗頭斜向前下方，左掌屈肘展於左後側，掌心向外，掌指向
上，目視前方。（圖 524）

24. 風雷旋天

　　兩腳向左跳起，右腳向左上方旋踢，體左轉 180 度，當
全身騰空時，速出左掌由左向右，拍擊右腳掌內側；同時右
手鞭由右向左，旋甩於前上方，鞭杆斜向上，鞭穗頭斜向
前，目視前方。（圖 525）

25. 撥草尋蛇

　　雙腳落地為軸，體左轉 90 度，兩腿成大叉步，同時右
手鞭由上向左下方旋掃，鞭穗頭斜向左，左掌展於左側方，
掌心向前，掌指斜向外，目視右前方。（圖 526）

26. 迎風招展

右腳為軸，抬左腳，體向右轉180度，兩腿成高弓步，右手鞭後繞左側，擺向右上側，鞭杆斜向上，鞭穗頭斜向左下方，左掌斜向左下側，掌心斜向前，掌指斜向左，目視右側。（圖527）

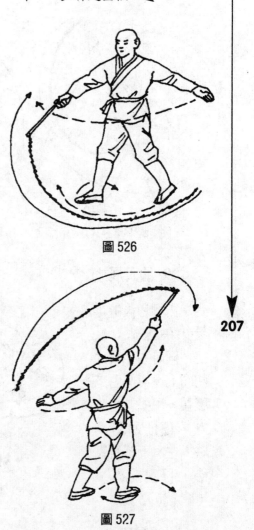

圖526

27. 撥風扒打

兩腳踮跳右旋，體右轉180度，兩腿成大叉步，同時右手鞭由後向左撥打劈擊，鞭杆頭斜向前，鞭穗頭向左上側，左掌上穿於左上側，掌心向前，掌指向上，目視左前方。（圖528）

圖527

28. 風掃梅花

兩腿大叉步不變，右手鞭由右向下，經身前向右上環弧，然後掄劈甩於左側方，鞭左穗頭向左，掌展於左上側，掌心向前，掌指斜向上，目視前方。（圖529）

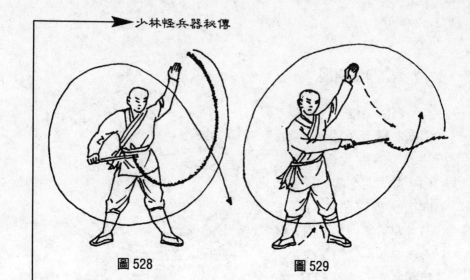

圖 528　　　　　　　　　圖 529

29. 仙人展旗

兩腳各後退半步，併攏站立八字，同時右手鞭由左向上，再向右下環弧，甩擺於左側方，鞭杆頭斜向右，左掌下落接鞭穗，目視前方。（圖 530）

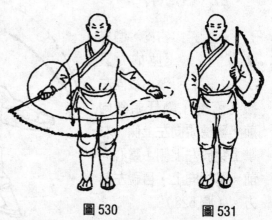

圖 530　　　　　　　　圖 531

收招歸原

右手鞭杆交於左手，左手握鞭杆和鞭穗，屈肘抱於左肋外側，右掌環弧下垂於右大腿外側，掌心向裡，掌指向下，目視前方。（圖 531）

十二、少林雙流星

（一）少林雙流星簡介

流星出自商周時代，至隋唐時已有很多人使用此兵器，宋代傳入少林寺，作為寺人習武守寺的武器，有 18 招。後經元明兩代高僧研練增至 24 招。清代武僧銳意苦修使之增到 36 招，流傳至今，此即少林雙流星。

它既可守寺護院，又可防身；雲遊在外，還可對付歹徒盜賊，是防身自衛的好武器。

少林流星的技法主要有：劈、掃、打、甩、纏、砸、崩、回手打，背後打，直射打，甩手打，向前撥打，左右撥打，雲頂旋打，腋下偷打，腿下偷打等。

馬希貢老師曰：

> 流星形如走馬燈，運轉翻飛快如風。
> 前打呂布射轅門，後邊倒打紫金鐘。
> 左打丹鳳朝陽展，右打怪蟒去山中。
> 上打環繞如閃電，成名高士必吃驚。

1. 歌　訣

> 一對流星圓又圓，當中只有一線牽。
> 仙人舉手猛抖腕，腋下藏寶扔後邊。
> 左右疊手轉圈圈，真君雙手甩在肩。
> 單手牽住兩頭重，背後擔體太安然。
> 倒鏈走線回手打，招回流星打後邊。

兩臂搖手敞門戶，雙手盤旋把花纏。

牙關咬住亮銀線，頭上飛鎚賽花園。

雲頂插花頭上旋，烏龜背上舞花圈。

魚翁抖手撒起網，回身放出星一盤。

毒龍竄山入洞天，頂門炮打響連天。

雙手傳寶接單手，魚翁收網在江邊。

收招歸回路原全，寺僧研練萬古傳。

2. 動作順序

起勢、大仙指路、葉底藏花、左右插花、二郎擔山、腋下翻花、左右疊關、老君敞門、單手舞花、背後舞花、單手疊花、倒打金關、背後撒寶、回手招兵、雙手敞門、雙手疊花、合手舞花、牙關疊花、雲頂插花、插花蓋頂、背上插花、魚翁撒網、回身撒寶、毒龍鑽洞、頂門開關、單手傳寶、魚翁收網、收招歸原。

（二）少林雙流星套路圖解

起　勢

雙腳立八字，身胸挺直，雙手握線提鎚，下垂於兩大腿前外側，鎚尖向下，目視前方。（圖532）

1. 大仙指路

兩腳為軸，體左轉90度，抬左腳前上一步，兩腿成左高弓步，同時

圖532

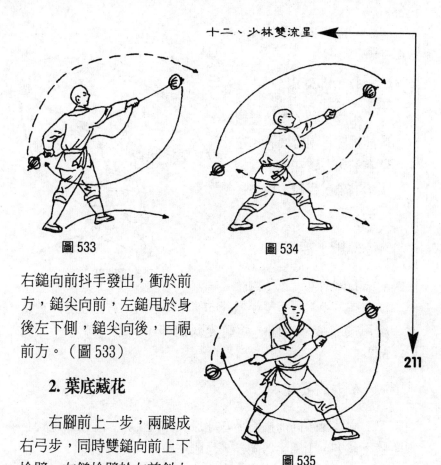

圖533

圖534

211

右鎚向前抖手發出，衝於前方，鎚尖向前，左鎚甩於身後左下側，鎚尖向後，目視前方。（圖533）

2. 葉底藏花

右腳前上一步，兩腿成右弓步，同時雙鎚向前上下掄劈，左鎚掄劈於左前斜上

圖535

側，鎚尖斜向前，右鎚掄撩甩於身右後下側，鎚尖斜向後，目視前方。（圖534）

3. 左右插花

左腳前上一步，兩腿成左高弓步，同時雙鎚繼續向前掄轉，兩臂十字交插於胸右側，左臂在外，右臂在內，兩鎚尖斜向外，目視右前方。（圖535）

4. 二郎擔山

兩腳不動，雙鎚繼續
向前掄劈，兩臂展開，左
臂在前，右臂在後，兩鎚
尖斜向外，目視右前方。
（圖536）

5. 腋下翻花

右腳前上一步，兩腿
成右高弓步；同時雙鎚繼續向前掄轉劈甩，右鎚在前，左鎚
撩甩於右腋下後側，兩鎚尖斜向外，目視前下方。（圖
537）

圖536

6. 左右疊花

兩鎚繼續向前掄轉，右鎚撩於左後上方，左鎚撩甩於右
腋下前方，兩鎚尖斜向外，目視左前方。（圖538）

圖537　　　　　　圖538

圖 539　　　　　圖 540

圖 541

213

7. 老君敞門

　　雙鎚繼續向前掄轉，向前後兩側甩撩展開，兩鎚尖斜向外，目視左前方。（圖539）

8. 單手舞花

　　左腳在後提起，成獨立勢；同時右手握鎚線，向前單手舞花掄轉，左鎚尖向上，右鎚尖向下斜展，左掌撒手展於身後，掌心向上，掌指向後；目視前方。（圖540）

　　左腳向前移步，落於右腳後半步，腳尖點地；同時右手雙鎚繼續向前掄轉，旋撩於右側方，左鎚尖斜向後，左鎚尖斜向前，左掌展於身後左側，掌心向前，掌指向後，目視右後方。（圖541）

圖 542　　　　　　圖 543

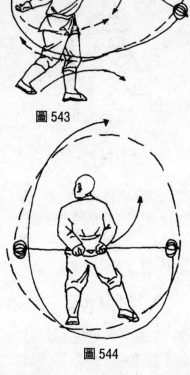

圖 544

左腳前上一步，兩腿成左弓步；同時右單手舞花，繼續向前掄轉於身前左側，右鎚尖斜向前，左鎚尖向後，左掌外展於身後左側，掌心向上，掌指向後，目視前方。（圖 542）

右腳在後上抬；同時右單手握鎚線，向前旋轉旋甩於身前方，右鎚尖斜向後，左鎚尖斜向前，目視前下方。（圖 543）

9. 背後舞花

右腳前上一步，落成右虛步，同時右手雙鎚繼續向前掄轉少半圈，在身後交於左手，兩手握線，右鎚尖向前，左鎚尖向後，目視前方。（圖 544）

圖 545　　　　圖 546

圖 547

215

10. 單手疊花

左手握鎚線，經身後上舉頭後上側，繼續向前掄轉，右鎚尖斜向前，左鎚尖斜向後，右掌展於前方，掌心斜向前，掌指斜向上，目視後方。（圖545）

上動不停，左腳前上一步，右腳後提起；同時左鎚線交於右手，繼續向前掄轉於身前方，右鎚尖向上，左鎚尖向下，左掌甩於左後側，掌心向上，掌指向後，目視前方。（圖546）

11. 倒打金闕

兩腳向前旋跳，體左轉180度，落地成右弓步；同時左手接鎚線，雙鎚隨身勢環弧一圈半，然後右鎚向前方滑把打擊，鎚尖向前，左鎚尖向後，目視前方。（圖547）

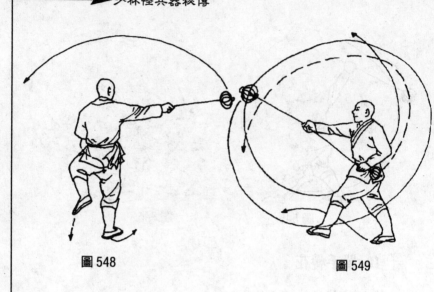

圖 548

圖 549

12. 背後撒寶

右腳為軸,體右轉 90 度,左腳向左提膝,成獨立勢;同時右鎚由左收回,向右抖手滑把打擊,鎚尖向右,左鎚屈肘護胸,鎚尖向左,目視前方。(圖 548)

13. 回手招兵

左腳在左側一步落下,兩腳為軸,向左轉體 90 度,兩腿成左弓步;同時右鎚由後向前環弧砸去,鎚尖斜向前,左鎚屈肘護於腰間左側,鎚尖向後;目視前方。(圖 549)

14. 雙手敞門

抬右腳前上一步,成右弓步;同時雙手滑把,雙鎚向前環弧掄轉劈甩,右鎚掄於頭上右後側,鎚尖向上,左鎚掄於前方,鎚尖向前,目視前方。(圖 550)

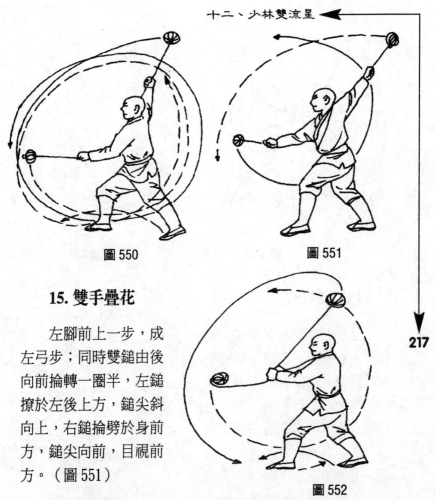

圖 550

圖 551

圖 552

15. 雙手疊花

左腳前上一步，成左弓步；同時雙鎚由後向前掄轉一圈半，左鎚撩於左後上方，鎚尖斜向上，右鎚掄劈於身前方，鎚尖向前，目視前方。（圖551）

16. 合手舞花

兩手滑把合在一起，向前繼續掄轉，右鎚在頭上，左鎚在身前，兩鎚尖斜向上，目視前方。（圖552）

右腳前上一步，左腳後退少半步，兩腿成右弓步；同時雙鎚在前繼續向前掄轉劈擊，左鎚在上，鎚尖向上，右鎚在下，鎚尖向下，目視前方。（圖553）

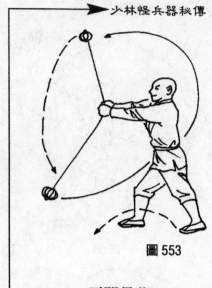

圖 553

圖 554

17. 牙關疊花

雙手把鎚線咬在牙關，頭向前左右搖擺，甩動兩鎚繼續向前掄轉，右鎚在前上方，鎚尖斜向上，左鎚在前下方，鎚尖斜向下，兩掌屈肘護於兩肋間，掌心向內，掌指向前，目視前方。（圖 554）

圖 555

兩鎚繼續向前搖擺掄轉，右鎚轉向頭上方，鎚尖向上，左鎚掄轉於身前下方，鎚尖斜向前，兩掌屈肘護肋，掌心向內，掌指向前，目視前方。（圖 555）

18. 雲頂插花

抬左腳前上半步，落成左虛步，同時右手接鎚線，繼續

圖 556   圖 557

向前舞花，展於右後側方，右鎚斜向下，鎚尖斜向後，左鎚斜向上，鎚尖斜向前，左掌展於前下方，掌心向右，掌指斜向下，目視右前方。（圖 556）

兩腳為軸，體右轉 180 度，右手線交於左手，左手接鎚線，由左向右在頭上旋轉一圈，右鎚向後，左鎚向前，兩鎚尖向外，右掌下展身前下方，掌心斜向上，掌指向前，目視前方。（圖 557）

19. 插花蓋頂

兩腿變成右虛步，左鎚線交於右手，左頭上繼續向右旋轉一圈，右鎚旋於頭後方，左鎚旋於頭前方，兩鎚尖向外，左掌後甩身後左側，掌心向上，掌指向後，目視前下方。（圖 558）

兩腳為軸，體左轉 90 度，兩腿成左仆步，同時右鎚線交於左手，在頭上向右旋轉一圈半，右鎚向右，左鎚向左，兩鎚尖向外，右掌屈肘下落於右側下方，掌心向前，掌指斜

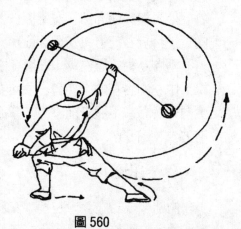

圖 558　　　　　　　　　圖 559

向右，目視左前方。（圖
559）

　　起身，兩腿變成右橫
弓步，同時左鎚線交於右
手，在頭上繼續向右旋
轉，右鎚在後，左鎚在
前，兩鎚尖向外，左掌下
落於左側下方，掌心向
外，掌指斜向下，目視右
前方。（圖560）

圖 560

20. 背上插花

　　左腳內收半步，兩腿變成馬步，同時右手握鎚線，繼續
掄轉於身後，左手在後接鎚線，右鎚向左，左鎚向右，鎚尖
向外，目視前方。（圖561）
　　兩腳為軸，體左轉90度，抬右腳上步，落於左腳內側

圖 561

圖 562

圖 563

221

半步，上身向前傾探，雙
手握線，在身後換把向左
旋轉一圈，然後右鎚旋於
頭後前方，左鎚旋於身
後，兩鎚尖向外，目視前
下方。（圖 562）

21. 魚翁撒網

上身直起，抬右腳前
上一步下落，兩腿成大叉
步，同時右手滑把抖手撒出右鎚擊向前邊，鎚尖向前，左手
滑把握鎚護於胸前方，鎚尖向下，目視前方。（圖 563）

22. 回身撒寶

抬左腳前上一步為軸下落，體左轉 90 度，抬右腳提
膝，成獨立勢；同時右鎚由右向左猛帶，兩手換把，向回打

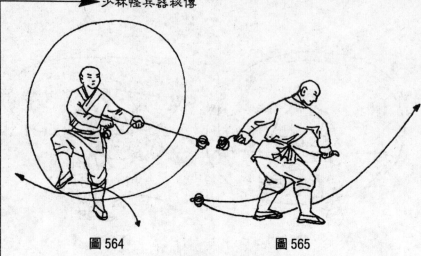

圖 564　　　　　　　　　　圖 565

於左側方，鎚尖向左；目視左側。（圖 564）

23. 毒龍鑽洞

左腳為軸，體左轉 90 度，右腳向前落於左腳內側半步，兩腿成馬步，兩手換把，右鎚由前向後上環弧，落於前下方，再由兩腿中間向後打於身後，鎚尖向後，左手握鎚線展於身後左側，鎚尖斜向後，目視前下方。（圖 565）

24. 頂門開關

左腳與右腳併攏站立，同時右鎚由後向前，自襠下抽出，抖手打向前方，鎚尖向前，左手握鎚線後展於身後左側，鎚尖向後，目視前方。（圖 566）

25. 單手傳寶

左腳上前一步，兩腿落成左弓步，同時左手撒把後展，掌心向上，掌指斜向後，右手握鎚線，向前掄轉環弧，倒撩

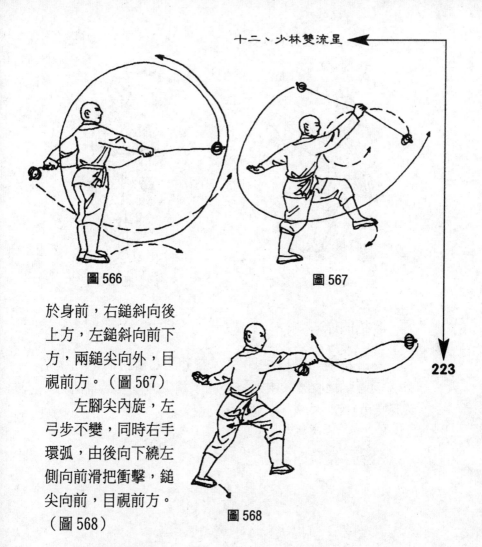

圖 566

圖 567

圖 568

223

於身前，右鎚斜向後上方，左鎚斜向前下方，兩鎚尖向外，目視前方。（圖567）

左腳尖內旋，左弓步不變，同時右手環弧，由後向下繞左側向前滑把衝擊，鎚尖向前，目視前方。（圖568）

26. 魚翁收網

抬右腳前上半步，同時右手向後猛帶收回右錘，接於左手，兩手換把後拉，左手在前，鎚尖在前，右手在後護於腰間，鎚尖斜向下，目視右前方。（圖569）

圖 569

圖 570

收招歸原

兩腳為軸,體右轉 90 度,左腳與右腳併攏,八字站立,同時雙鎚收護於兩大腿外側,鎚尖向下,目視前方。(圖 570)

十三、少林鐵掃帚

（一）少林鐵掃帚簡介

掃帚在商代以前就出現了，是民間用於掃地的用具，尤其在農業中，是重要的農具。進入唐代以後，有用鐵製成的掃帚作為看家武器；宋代時少林方丈福居禪師，將這種武器收集入寺，創成有 18 招勢的套路；明代緊那羅王將之做為掃地練功的好武器，又精研增加為 24 招。以後，明末的祖欽，清代的清倫、靜紹、真珠、海參、湛舉、湛可、寂敬等高僧精心研練，再增至 36 招，寂敬法師是湛可之徒，使 16 公斤的鐵掃帚，享壽 104 歲，臨圓寂前 3 個月，練起此器還呼呼風響，氣不噓喘，功力非凡。

少林鐵掃帚，是寺僧練功看家的好武器，急用時可驅趕賊人，懲治惡徒，抓拿諸般兵器，是農武兼備之物。

少林鐵掃帚的技法主要有：劈、砸、挑、掃、甩、旋、穿、撥、撩、搗、滑、蓋等。

郭慶方老師曰：

> 鐵掃一把舉在空，鎮守寺院驅賊兵。
>
> 強賊兵器來襲我，向前迎架擒手中。
>
> 獅子搖頭猛一擺，橫掃敵兵落流平。
>
> 少林古寺傳家寶，寺僧研練千百冬。

少林弟子李西剛講：

> 掃帚本是出民間，種田掃場淨庭院。
>
> 士農工商全須用，古觀廟宇用方便。

225

捲地黃風掃塵煙，橫掃千軍一溜煙。
倒正旋掃刮起土，群賊一見心膽寒。

1. 歌　訣

少林掃帚舉在空，單足踏地端四平。
白蛇躥身入古洞，撒開野草緊追蹤。
金剛拜佛青香舉，牧童趕羊進山中。
韋陀舉起降魔杆，大仙甩手把腰撐。
猛虎跳澗翻身轉，橫掃敵人萬馬營。
老虎吃鹿坐地等，順風甩手一掃平。
子牙渭水把魚釣，青龍下水進海中。
老龍搖頭出海面，力士舉目看群星。
陳香舉斧華山劈，廣寒仙子回天宮。
單手舉起火一把，猿仙打坐在洞中。
魚翁劃開船一支，玩童舉棍搗黃峰。
張飛扛起梁一根，風摧雲頭無影蹤。
坐馬托槍去衝戰，摧騎橫渡大江中。
風刮花朵隨風倒，旋捲霹雷上天庭。
魚人拉網捉游魚，擺起飛腳起在空。
祖師流傳鐵掃帚，留傳古寺千百冬。

2. 動作順序

起勢、獨立四平、烏龍進洞、撥草尋蛇、朝天燒香、農
夫趕牛、韋陀獻杆、仙人圍帶、跳起劈山、橫掃千軍、坐虎
撲羊、順風掃葉、太公釣魚、夜叉探海、青龍出水、羅漢觀
天、泰山壓頂、翻身劈山、黃龍入海、仙女回宮、舉火燒

天、老虎坐洞、魚公擺船、童子搗峰、獨立扛樑、風繾殘雲、馬上托槍、太公釣魚、打馬過江、風掃梅花、旋繾風雷、魚翁拉網、腳飛天堂、收招歸原。

（二）少林鐵掃帚套路圖解

起 勢

足立八字，身胸挺直，左手屈肘握掃帚，站於左側前外側，掃帚頭向上，右掌貼右大腿外側，掌心向裡，掌指向下，目視前方。（圖571）

1. 獨立四平

提左腿成獨立勢，右手接把兩手平端於身前，掃帚頭向左，目視前方。（圖572）

2. 烏龍進洞

左腳在左側一步落地，兩腳為軸，體左轉90度，兩腿成左弓步，同時雙手端掃帚，由後向前穿刺，掃帚頭向前，目視前方。（圖573）

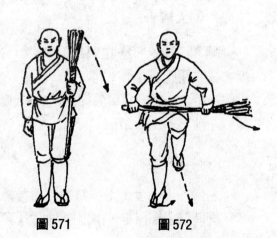

圖571　　　　圖572

圖 573　　　　　　　　　圖 574

3. 撥草尋蛇

　　兩腳為軸，體向右轉 90
度，兩腿成右弓步，同時，雙
手端掃帚，由左向右橫掃於右
側方，掃帚頭向右，目視右前
方。（圖 574）

4. 朝天燒香

　　兩腳為軸，體左轉 90
度，提右腿成獨立勢，同時雙
手端掃帚，由右向左環弧旋掃挑於右前上方，掃帚頭向上，
目視左前方。（圖 575）

圖 575

5. 農夫趕牛

　　右腳前上一步，兩腳為軸，體左轉 90 度，兩腿成右弓
步，同時雙手端掃帚，由上向左用力下劈，再向前掃擊，掃

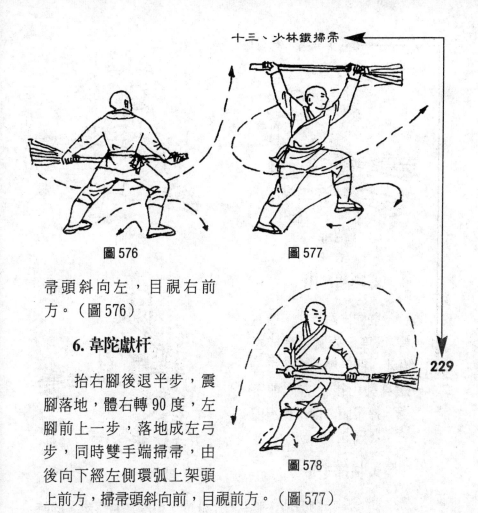

圖 576

圖 577

圖 578

229

帚頭斜向左，目視右前
方。（圖 576）

6. 韋陀獻杆

抬右腳後退半步，震
腳落地，體右轉 90 度，左
腳前上一步，落地成左弓
步，同時雙手端掃帚，由
後向下經左側環弧上架頭
上前方，掃帚頭斜向前，目視前方。（圖 577）

7. 仙人圍帶

兩腳為軸，體右轉 135 度，右腳後撤落於左腳後半步，
兩腿成倒插步，同時，左手撒把，右手握掃帚，由上向後下
落，向左旋轉掃擊一圈，左手接掃帚把平端於身後左側，掃
帚頭向後，目視右方。（圖 578）

圖 579　　　　　　　圖 580

8. 跳起劈山

雙腳向右旋跳，體右轉 45 度，兩腳落地成左仆步，同時雙手握掃帚，隨身勢由後上方向前下劈，掃帚頭向前，目視前方。（圖 579）

圖 581

9. 橫掃千軍

起身，兩腳碾地，體右轉 180 度，兩腿為右弓步，同時雙手端掃帚，由後向前橫掃於前方，掃帚頭向前，目視左前方。（圖 580）

10. 坐虎撲羊

兩腳碾地，體左轉 225 度，兩腿成為高歇步；同時雙手握掃帚，隨身勢向上環弧，然後劈蓋於左後側方，掃帚頭斜向左，目視左側。（圖 581）

11. 順風掃葉

兩腳為軸，體右轉 45
度，兩腿成左弓步，同時雙
手端掃帚由後向前沿地面旋
掃於前下方，掃帚頭斜向
前，目視前方。（圖 582）

12. 太公釣魚

右腳上前一步落於左腳
內側，左腳後提，同時雙手
握掃帚由前下方向上猛挑，
掃帚頭斜向上，目視前方。
（圖 583）

13. 夜叉探海

左腳在前方半步下落，
右腳後抬成扒沙步，同時雙
手握掃帚，由前上方向下猛
穿刺，掃帚頭斜向下，目視
前下方。（圖 584）

抬右腳前上步落於左腳
內側，左腳後提，同時雙手
握掃帚由前下方向上猛挑，
掃帚頭斜向上，目視前方。
（圖 585）

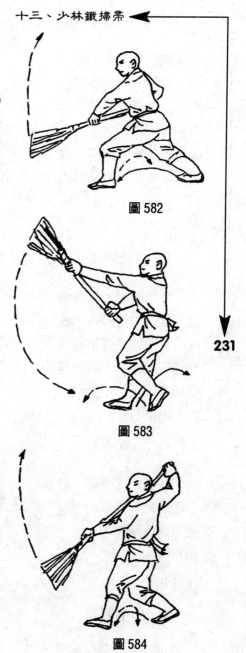

圖 582

圖 583

圖 584

231

左腳在前方半步下落，右腳後抬，身向前探，同時雙手握掃帚，由前向下經右側向後上環弧，然後向前下方劈砸、穿刺，掃帚頭斜向前，目視前下方。（圖586）

圖585

14. 青龍出水

雙足跳起，體向右旋360度，兩腳落地成右弓步，同時雙手握掃帚隨身勢向前下劈，掃帚頭斜向前，目視前方。（圖587）

圖586

15. 羅漢觀天

左腳向前彈踢，雙手握掃帚，由前向上經頭頂再向後倒刺，掃帚頭向後，目視上方。（圖588）

16. 泰山壓頂

左腳在右腳內側下

圖587

圖 588

233

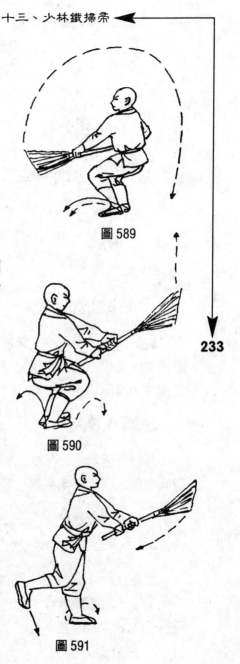

圖 589

落，兩腳併步屈膝成蹲步，同時雙手握掃帚，由上向前下方猛劈，掃帚頭貼地斜向前，目視前下方。（圖 589）

17. 翻身劈山

起身，雙足前跳，體右轉180度，兩腳落地成蹲步，同時雙手握掃帚，隨身勢由上向下劈蓋於身前，掃帚頭向前，目視前方。（圖 590）

圖 590

18. 黃龍入海

起身，左腳向前半步，右腿後提成獨立勢，同時雙手握掃帚，由下向上挑刺，掃帚頭向前，目視前方。（圖 591）

圖 591

圖 592　　　　　　　圖 593

19. 仙女回宮

　　右腳向後一步落下，兩腳為軸，體右轉 135 度，左腳尖點地成後虛步，同時雙手端掃帚由後向前斜拉平滑，掃帚頭斜向左，目視前方。（圖 592）

20. 舉火燒天

　　左腳前上半步，下落為軸，體向右轉 180 度，右腳提起成獨立勢，同時雙手握掃帚隨身勢環弧穿於左上方，掃帚頭向上，目視前方。（圖 593）

21. 老虎坐洞

　　右腳在前下落為軸，體左轉 45 度，抬左腳落於右腳後外側半步，兩腿成歇步，同時兩手換把握掃帚，由上向右下倒劈蓋，掃帚頭向右，目視右側。（圖 594）

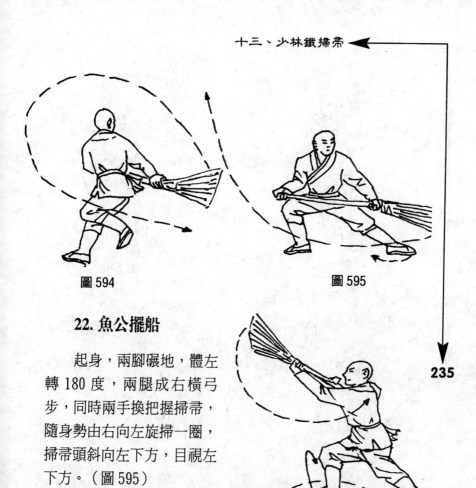

圖 594

圖 595

圖 596

235

22. 魚公擺船

起身，兩腳碾地，體左
轉 180 度，兩腿成右橫弓
步，同時兩手換把握掃帚，
隨身勢由右向左旋掃一圈，
掃帚頭斜向左下方，目視左
下方。（圖 595）

23. 童子搗蜂

兩腳為軸，體右轉 90 度，兩腿成右弓步；同時雙手握
掃帚，由後向前上方撩挑，掃帚頭斜向前，目視前上方。
（圖 596）

24. 獨立杠樑

左腳上前半步，兩腳為軸，體右轉 90 度，右腳提起成

圖 597

圖 598

圖 599

獨立勢；同時雙手握掃
帚，由左向後甩擺於左肩
後側，掃帚頭斜向右後下
側，目視前方。（圖
597）

236

25. 風繾殘雲

右腳在左腳後外側半
步落下，左腳提膝，體右
轉180度，成獨立勢，同時左手撒把，隨身勢外展，掌心向
前，掌指向左，右手握掃帚繞身右旋一圈半，橫掃於右側
方，掃帚頭向右，目視右側。（圖598）

右腳為軸，體右轉180度，左腳向左橫跨一步，提右腿
成獨立勢，同時右手握掃帚，隨身勢向右旋掃，掃帚頭向
右，左手屈肘收回握掃帚把端，目視右前方。（圖599）

右腳落地為軸，體向右轉180度，左腳向左提膝成獨立
勢，同時右手握掃帚，由左向右旋掃擺去，掃帚頭向右，左

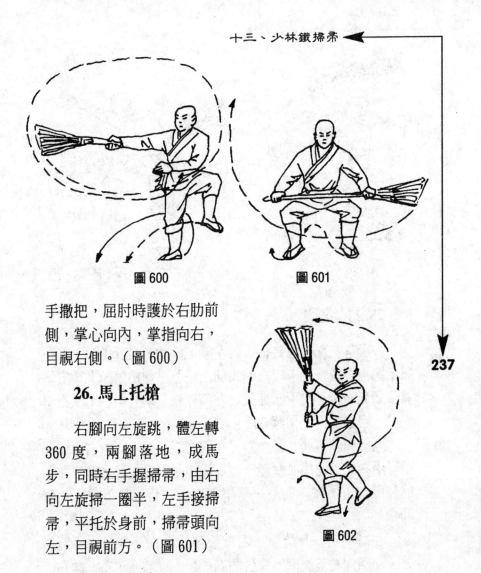

圖600　　　　　　　圖601

手撒把，屈肘時護於右肋前
側，掌心向內，掌指向右，
目視右側。（圖600）

26. 馬上托槍

右腳向左旋跳，體左轉
360度，兩腳落地，成馬
步，同時右手握掃帚，由右
向左旋掃一圈半，左手接掃
帚，平托於身前，掃帚頭向
左，目視前方。（圖601）

圖602

27. 太公釣魚

兩腳為軸，體右轉45度，左腳提起成獨立勢，同時雙
手握掃帚，由後向前上方挑刺，掃帚頭斜向上，目視前上
方。（圖602）

圖 603 　　　　　　　　　　　　圖 604

28. 打馬過江

　　左腳落在左後方為軸，體左轉 135 度，右腳提起，同時雙手握掃帚由後向下經右側向前上環弧，旋跳於頭上後方，掃帚頭斜向後，左手撒把展於左前外側，掌心向右，掌指斜向前，目視前方。（圖 603）

　　右腳向前落於左腳內側，左腳向前抬起，同時右手握掃帚，由後向下左旋於左腿下方，掃帚頭斜向左後上方，左掌展於頭前方，掌心向右，掌指斜向前，目視前下方。（圖604）

　　左腳向前一步落下，右腳後翹，身向前探，右手握掃帚，繼續向左下旋掃，掃帚頭向後，左掌前展，掌心向右，掌指向前，目視右前方。（圖 605）

29. 風掃梅花

　　右手握掃帚經右腿下，由後向前旋掃於前方，掃帚頭向

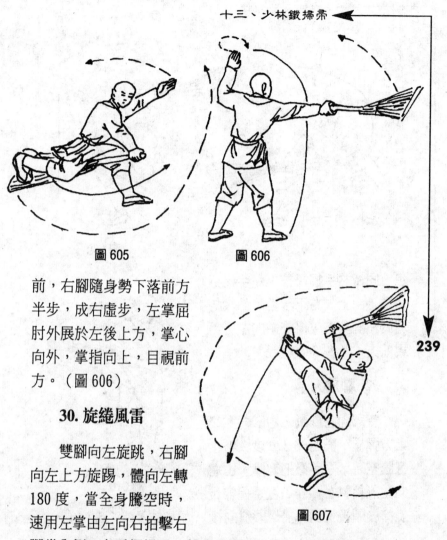

圖 605　　　　　圖 606

圖 607

239

前，右腳隨身勢下落前方半步，成右虛步，左掌屈肘外展於左後上方，掌心向外，掌指向上，目視前方。（圖 606）

30. 旋繞風雷

雙腳向左旋跳，右腳向左上方旋踢，體向左轉180度，當全身騰空時，速用左掌由左向右拍擊右腳掌內側，右手握掃帚，撩舉於頭右上側，掃帚頭斜向後，目視右腳。（圖 607）

31. 魚翁拉網

兩腳右前左後落下為軸，體左轉90度，兩腿成右橫弓

圖 608　　　　　　　　　圖 609

步，同時右手握掃帚，左手接掃
帚把，由上向右下環弧，然後掃
甩於左側下方，掃帚頭向左，目
視前方。（圖 608）

32. 腳飛天堂

圖 610

雙腳向右旋跳，右腳向右後
上方彈擺，體右轉 270 度，當全
身騰空時，右手撒把變掌，由右
向左擺拍擊右腳面，左手握掃帚
旋掃於頭後上側，掃帚頭斜向後，目視右腳。（圖 609）

收招歸原

兩腳左前右後落地為軸，體右轉 90 度，提左腿成獨立
勢，同時右手接掃帚把端，左手滑把由右向左下劈，掃帚頭
斜向左，目視前方。（圖 610）

圖 611

圖 612

　　左腳落下為軸，體左轉 90 度，右腳提起，雙手握掃帚，由前上挑於前方，掃帚頭斜向前，目視前方。（圖611）

　　右腳落於左腳內側，兩腳為軸，體右轉 90 度，兩腳立八字，身胸挺直，左手握掃帚把，站於左側前方，掃帚頭向上。右掌撒把下垂於右大腿外側，掌心向裡，掌指向下，目視前方。（圖612）

十四、少林獵燕叉

（一）少林獵燕叉簡介

叉遠古民間用於勞作，獵戶用於打獵。在歷代的戰爭中也有用叉作為武器，衝鋒陷陣的。唐代的殷廷使用獵燕叉曾為國立了功。至宋代獵燕叉傳入少林寺，僧人把叉作為護院武器，教寺僧研練，那時有 36 招，後經明代月空、普便、清代湛王、湛化、湛舉、湛春、湛義、湛可、寂聚、寂袍等高僧精心研練苦修，逐漸使之增至 64 招，相傳至今。

少林獵燕叉既可看家護院，嚴防盜賊搶奪寺內財產，還可驅趕野獸，更能練功習武，是 18 種兵器中的一種重要武器。外出雲遊可用於背行李，也可防止攔路歹徒的襲擊，是寺內僧人喜愛的武器之一。

少林獵燕叉的技法主要有：扎、刺、挑、劈、砸、撩、撥、架、掃、擋、插、點、搗等。

劉百川老師曰：

> 先師招法妙無雙，一馬三叉無敵擋。
>
> 寺內練功護廟院，提防盜賊把財搶。
>
> 雲遊八方背行李，懲罰惡歹在路旁。
>
> 弟子學會獵燕叉，群賊一見敗當場。

1. 歌　訣

> 祖師傳授獵燕叉，招招變化玄妙法。
>
> 羅漢提腿端四平，進山打虎點刺插。

搶步回身挑撩掃，回頭擋刺腳跟下。

大鵬落山燕穿林，關羽斬將倒托叉。

紫燕啄食猿坐洞，一馬三叉連環發。

仙人坐洞鳥出群，搭手棚架仆地下。

金剛提腿往後撤，單手按虎力量大。

腿下接穿兩三叉，力士參天敵躺下。

泰山壓頂猛力砸，飛上天空雲裡叉。

大蟒落地接在手，回身刺敵猛力加。

使開招法快如電，霹雷交加一齊發。

闖進千軍萬馬營，擊敗群敵地下爬。

嵩山少林傳絕藝，六十四叉行天下。

2. 動作順序

起勢、獨立四平、打虎奔山、進步點杆、轉身刺叉、進步劈砸、回頭望月、上步挑杆、進步挑叉、進步挑杆、進步掃叉、回身擋叉、反刺後跟、雁落沙灘、燕子穿林、弓身背叉、金雞餐眼、坐虎砸把、回馬三叉、劈身砸把、孤雁出群、揣叉搭手、獨立棚樑、仆地搧風、獨立化金、墜身後刺、探身伏虎、馬襠穿叉、羅漢觀天、橫掃千軍、反手劈叉、飛腳拋叉、落地接叉、倒刺平端、收招歸原。

（二）少林獵燕叉套路圖解

起 勢

足立小八字，身胸挺直，左手握叉杆，立於左側前方，叉尖向上，右掌貼於右大腿外側，掌心向內，掌指向下，目

圖613　　　　圖614　　　　圖615

視前方。（圖613）

1. 獨立四平

左腿提膝，成獨立
勢，左手端叉向左下劈，
右手在右側接叉，叉頭向
左，雙手端平，目視前
方。（圖614）

圖616

2. 打虎奔山

左腳向左側一步，兩腳為軸，體左轉90度，兩腿成左
弓步，同時雙手端叉向前刺扎，叉尖向前，目視前方。（圖
615）

3. 進步點杆

右腳前上一步，兩腿成右弓步，同時雙手握叉杆，由後
向前下方點鑽，叉尖斜向後上方，目視前下方。（圖616）

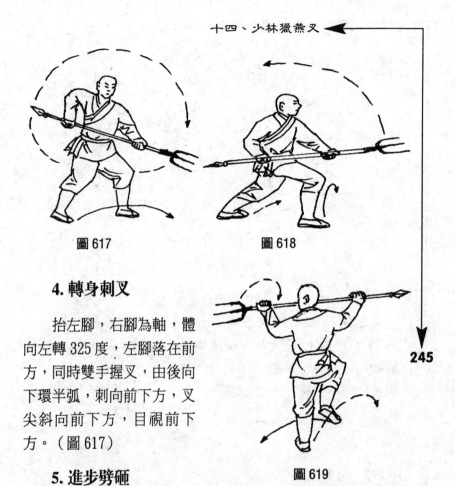

圖 617

圖 618

圖 619

4. 轉身刺叉

抬左腳，右腳為軸，體向左轉 325 度，左腳落在前方，同時雙手握叉，由後向下環半弧，刺向前下方，叉尖斜向前下方，目視前下方。（圖 617）

5. 進步劈砸

右腳前上一步，兩腿成右弓步，同時雙手握叉，由前向下經左側向後上環弧，然後向前方劈砸，叉尖向前，目視前方。（圖 618）

6. 回頭望月

左腳前移，體左轉 90 度，右腳提腿成獨立勢，同時雙手握叉由右向左挑刺，叉尖向左，目視右前方。（圖 619）

圖 620

圖 621

7. 上步挑杆

左腳為軸，體向左轉90度，右腳上前一步，左腳後抬，同時雙手握叉杆，由後向前下方挑扎，叉尖斜向後，叉鑽斜向前，目視前方。（圖 620）

圖 622

8. 進步挑叉

左腳上前半步，右腳後抬，同時雙手握叉由後向前挑扎，叉尖斜向前，目視前方。（圖 621）

9. 進步挑杆

右腳上前方一步，左腳後移，兩腿成右弓步，同時雙手握叉杆，由後向前下方上挑刺扎，叉鑽向前，叉尖向後，目視前方。（圖 622）

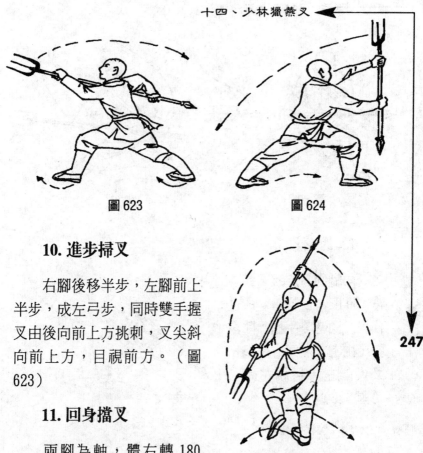

圖 623

圖 624

圖 625

247

10. 進步掃叉

右腳後移半步，左腳前上半步，成左弓步，同時雙手握叉由後向前上方挑刺，叉尖斜向前上方，目視前方。（圖623）

11. 回身擋叉

兩腳為軸，體右轉180度，雙手握叉杆，由左向右直豎擋推，叉尖向上，目視左側。（圖624）

12. 反刺後跟

兩腳為軸，體左轉90度，左腳內收半步，成高虛步，同時雙手握叉，由右向左下方斜扎，叉尖斜向下，目視左側。（圖625）

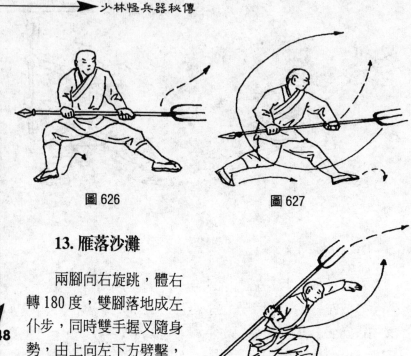

圖 626　　　　　　圖 627

13. 雁落沙灘

兩腳向右旋跳，體右轉180度，雙腳落地成左仆步，同時雙手握叉隨身勢，由上向左下方劈擊，叉尖向左，目視左側。（圖626）

圖 628

14. 燕子穿林

起身，兩腳為軸，體向左轉90度，右腳前提，雙手握叉，由後向前扎刺，叉尖向前，目視前方。（圖627）

15. 弓身背叉

右腳落在左腳後半步，左腳前移，兩腿成左弓步，身向前傾，同時右手握叉，由前向下經右側，向後上環弧，背於身後上方，叉尖斜向上，左手鬆把作橫掌，架於頭前方，目視前方。（圖628）

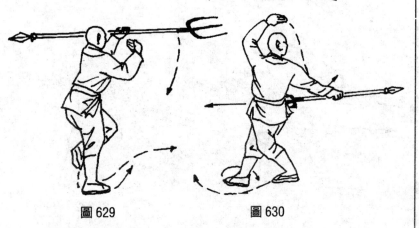

圖 629　　　　　　　　圖 630

16. 金雞餐眼

抬右腳落於左腳前方，再抬左腳成獨立勢，同時左掌向上接叉杆，向前方刺扎，右手鬆把，屈肘護於身前，掌心向內，掌指斜向上，目視叉尖。（圖 629）

17. 坐虎砸把

左腳落在右腳後，右腳上前半步，兩腳為軸，體左轉90 度，抬左腳落於右腳後外側半步，兩腿成高歇步，同時右手接叉杆，反腕環弧向右側下砸，叉鑽向右，叉頭向左，左掌鬆把變掌，橫架頭上前方，掌心向前，掌指向右，目視叉鑽。（圖 630）

18. 回馬三叉

左腳向左橫跨一步，兩腿成右橫弓步，同時左手接把，雙手握叉由右向左刺扎，叉尖向左，目視左側。（圖 631）

兩腳為軸，體右轉90 度，抬右腳後退一步，同時雙手

圖 631　　　　　　　　　圖 632

換把，經左腰間外側竄叉，
倒回叉頭，經右腰間外側，
向身後倒刺，叉尖向後，目
視後方。（圖 632）

　　左腳後退一步，兩腳為
軸，體左轉 90 度，成右橫
弓步，同時雙手換把，由後
向右倒叉，再經頭前上方，
向左倒刺，叉尖向左，目視
左側。（圖 633）

圖 633

19. 劈身砸把

　　雙腳向左旋跳，體左轉
180 度，雙腳落地成右仆步，
同時雙手握叉杆，由上向下劈
砸，叉鑽向右，叉尖向左，目
視右側。（圖 634）

圖 634

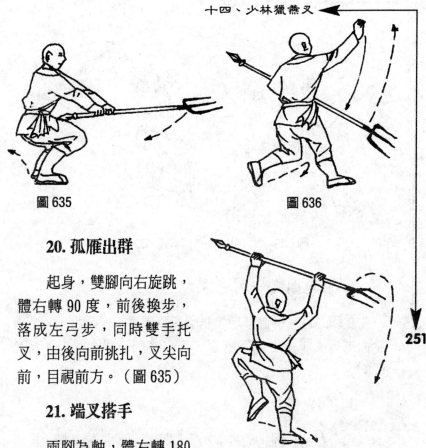

圖 635

圖 636

圖 637

251

20. 孤雁出群

起身，雙腳向右旋跳，體右轉 90 度，前後換步，落成左弓步，同時雙手托叉，由後向前挑扎，叉尖向前，目視前方。（圖 635）

21. 端叉搭手

兩腳為軸，體右轉 180 度，右腳後退半步站立，左腳在後抬起，同時左手握叉由後向下環弧，挑撩於前下方，叉尖斜向下，右掌鬆把，由下向上展於頭上前方，掌心向前，掌指向上，目視前方。（圖 636）

22. 獨立棚樑

左腳提膝，成獨立勢，同時右手接把，雙手握叉向前上方棚架，叉尖斜向前，目視前方。（圖 637）

圖 638　　　　　　圖 639

23. 仆地搧風

左腳向右腳併攏落地，兩腿屈膝下蹲，成蹲步，同時雙手換把握叉，由上向下劈砸，叉尖向前，目視前方。（圖638）

24. 獨立化金

起身左腳後提，成獨立勢，同時雙手換把握叉杆，向上舉臂後滑，叉尖斜向下，目視前下方。（圖639）

25. 墜身後刺

左腳前上一步，兩腿成左虛步，同時雙手換把握叉，用叉鑽向右後側倒刺，叉尖向前，目視前方。（圖640）

26. 探身伏虎

上體重心前移，兩腿成左弓步，同時雙手換把握叉，在

圖 640

圖 641

253

前方環弧絞叉，向下栽插，叉
尖向下，目視左側。（圖
641）

27. 馬襠穿叉

　右腳前上半步，體左轉
90 度，左腳提膝成獨立勢，
同時右手換把握叉，由右向左
經左腿下，穿於左側，叉尖向
左，左手鬆把變掌，上架頭上

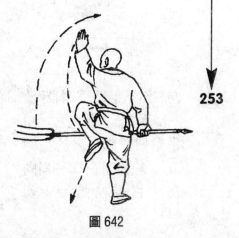

圖 642

左側，掌心向前，掌指向上，目視左前方。（圖 642）

28. 羅漢觀天

　左腳在左側半步落下，兩腿成高馬步，同時左手接叉
杆，由左向上，斜穿於頭上，叉尖斜向左，右手鬆把變掌，
上展頭上右側，掌心向前，掌指斜向上，目視左前方。（圖
643）

圖 643

圖 644

右腿上抬，右手接叉杆，由上向右下環弧，再向右腿下穿刺，叉杆穿於右腿下方，叉尖向左，左手鬆把變掌，展於左側方，掌心向前，掌指斜向左，目視左側。（圖644）

254

29. 橫掃千軍

圖 645

右腳下落，體左轉90度，左腳在前上提，身向後仰，同時左手接叉杆，上挑於頭上後方，右手換把接叉杆，雙手握叉向上棚架，叉尖向後，目視前上方。（圖645）

左腳落在後方一步，兩腳為軸，體向左轉90度，兩腿成左弓步，同時雙手換把握叉，由後下落橫掃於右側方，叉尖向右，目視左側。（圖646）

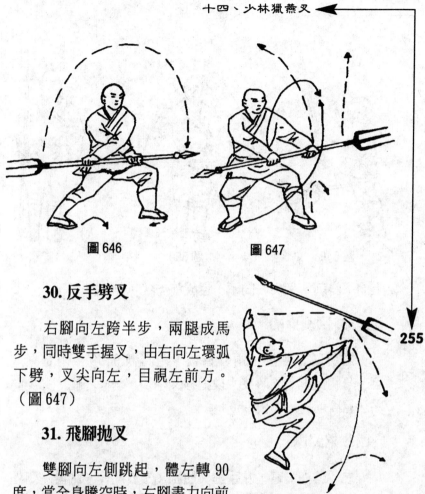

圖646

圖647

圖648

255

30. 反手劈叉

右腳向左跨半步，兩腿成馬步，同時雙手握叉，由右向左環弧下劈，叉尖向左，目視左前方。（圖647）

31. 飛腳拋叉

雙腳向左側跳起，體左轉90度，當全身騰空時，右腳盡力向前上方彈踢，同時雙手鬆把向空中拋叉，右掌由上向下拍擊右腳面（響亮），左掌上展於頭上左側，掌心向前，掌指向上，目視前上方。（圖648）

32. 落地接叉

雙腳左前右後落地，兩腿成左高弓步，雙手接叉杆，由

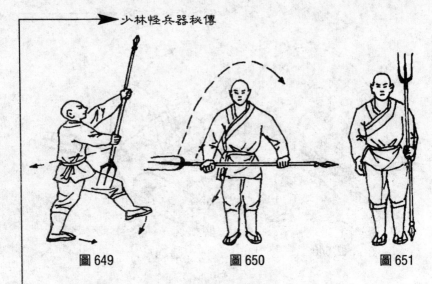

圖 649　　　　　　　　圖 650　　　　　　　　圖 651

上向下斜刺，叉尖斜向下，目視前方。（圖 649）

33. 倒刺平端

右腳前上半步，兩腳為軸，體右轉 90 度，兩足立八字，身胸挺直，同時雙手換把握叉平端，刺向右側，叉尖向右，目視前方。（圖 650）

收招歸原

右手鬆把變掌，左手握叉屈腕，護於左側，站於左側外前方，叉尖向上，右掌貼於右大腿外側，掌心向內，掌指向下，目視前方。（圖 651）

十五、少林雁翅

（一）少林雁翅钂簡介

　　钂為沉重的兵器，十八般武器中的一種。隋唐時宇文成都精於钂技。宋代時傳入少林寺，共有 18 招，福居教眾徒研練護院守寺。後經元代智安、智聚，明代普便、祖欽以及清代清倫、真珠、湛舉、寂聚、寂袍、寂亭等著名武僧精研钂法，逐漸增至 64 招，相傳至今。

　　少林雁翅钂在寺內經常被眾僧研練，作為武器，用於防身、看守寺院、防止盜賊搶劫寺院財產，還曾用於為國出征、鎮守邊關的對外抗侵與襲擊敵人等，是沉重力大的一種得力武器。

　　少林雁翅钂的技法主要有：劈、砸、掃、插、刺、點、挑、鉤、掛、撩、撥、架、擋等。

少林貞秋大師曰：

　　　　使钂之士力要強，運轉鐵钂如怪蟒。

　　　　左右橫掃似活龍，上下一舉賽銅樑。

　　　　衝入千軍萬馬營，勢如猛虎遇群羊。

　　　　狂風驟風綣風雷，賊人腿斷喊投降。

少林弟子趙金文、陳嘉雲、張咏講：

　　　　鐵钂威力妙無雙，使用擺動似風狂。

　　　　單手托起一根钂，橫掃千軍無抵擋。

　　　　敵若碰上雁翅钂，四肢朝天喊爹娘。

　　　　嵩山傳下鐵钂法，為國揚武繼妙方。

1. 歌　訣

鐵钂沉重尺寸長，臨陣應敵猛又剛。
上崩下砸力量大，左撥右架威風狂。
撥風扒打挑插掛，裡撩外滑有妙方。
上要八路摘星斗，下要八路定海塘。
前要八路龍擺爪，後要八路馬回鄉。
左要八路蟒翻身，右要八路燕飛翔。
快要一馬連三钂，慢要掃敵敗下方。
八八六十四路钂，馬上步下用法強。
衝殺群敵上戰場，遮前擋後不用忙。
橫衝直闖只一陣，凱歌得勝還家鄉。
寺僧學會這根钂，鎮守寺院護廟堂。
將官學會這根钂，為國殺敵保邊疆。
少林傳下驚人藝，世世代代繼祖上。

2. 動作順序

起勢、倒掛金鉤、青龍出水、烏龍擺尾、怪蟒翻身、力劈華山、轉身撩钂、滾把壓钂、黃龍探海、雄獅搖頭、孤雁出頭、托钂回營、背後掃敵、弓步擺钂、羅漢舉旗、金剛伏虎、霸王舉鼎、佛頂接寶、坐虎斜刺、靶馬橫钂、一馬三钂、摘星換斗、橫掃千軍、撥草尋蛇、禹王定海、玉柱撐天、回馬斬將、懷中抱月、回身破陣、紫燕抄水、蹲身劈敵、飛上天邊、接钂倒刺、馬後刺敵、收招歸原。

258

（二）少林雁翅钂套路圖解

起 勢

　　足立八字，身胸挺直，左手握钂，立於左前外側，钂尖向上，右掌下垂於右大腿外側，掌心向裡，掌指向下，目視前方。（圖652）

1. 倒掛金鉤

　　右腳向右橫跨一步，兩腳碾地，體左轉90度，成左高弓步，同時右手接杆滑把，雙手握钂，由上向前方掛劈，钂尖斜向前，目視右前側。（圖653）

2. 青龍出水

　　兩腿屈膝成為左弓步，同時雙手端钂，向前直刺，钂尖向前，目視前方。（圖654）

3. 烏龍擺尾

　　右腳向前上一步，兩腿成右弓步，同時雙手握钂由前向後擺甩，钂尖斜向左後側，目視前方。（圖655）

259

圖652

圖653

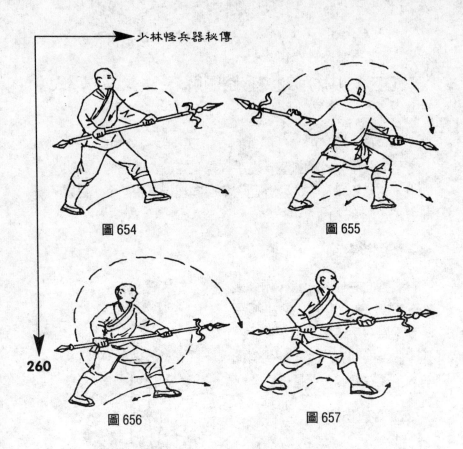

圖 654　　　　　　　　　圖 655

圖 656　　　　　　　　　圖 657

4. 怪蟒翻身

　　雙腳跳起，兩腳前後換步下落，兩腿成左弓步，同時雙手握鑽由後向上環弧劈砸於前方，鑽尖向前，目視前方。（圖 656）

5. 力劈華山

　　右腳前上半步，右腳後移，兩腿成右弓步，同時雙手握鑽由前向下，經左側向後上環弧，然後向前下方猛力劈擊，鑽尖向前，目視前方。（圖 657）

6. 轉身撩钂

兩腳為軸，體左轉180度，提左腳成獨立勢，同時雙手握钂，隨身勢由右向左，撩钂於身前下方，钂尖向下，目視前方。（圖658）

7. 滾把壓钂

左腳落於右腳前方一步，兩腿成為左弓步，同時雙手握钂由前下方向前撐把滾壓，钂尖向前，目視前方。（圖659）

8. 黃龍探海

右腳前上一步，兩腿成右高弓步，同時雙手握钂，用钂尖由後向上環弧，再向前砸劈於身前方，钂尖斜向後，目視前方。（圖660）

9. 雄獅搖頭

兩腳為軸，體向左轉180度，左腿提膝成獨立勢，同時雙手握钂由前向下，經左側環弧擺手於身後左下側，钂尖斜向後，

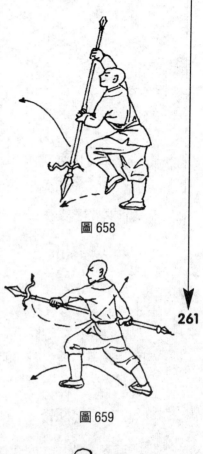

圖658

圖659

261

圖660

圖 661　　　　　　　　　　圖 662

目視前方。（圖 661）

10. 孤雁出頭

　　右腳彈跳左旋，體左轉
180 度，兩腳落成左弓步，
上體向前探，同時雙手握鑱
向前上挑刺，鑱尖斜向前，
目視前下方。（圖 662）

圖 663

11. 托鑱回營

　　兩腳為軸，體右轉 135 度，兩腿成右弓步，同時雙手握
鑱，隨身勢由後上方向前下拉，鑱尖斜向後下方，目視前
方。（圖 663）

12. 背後掃敵

　　左腳向前移步為軸，體右轉 45 度，右腿提膝成獨立
勢，同時雙手換把握鑱，由後環弧絞把旋掃上架於頭上左後
側，鑱尖斜向後，目視前方。（圖 664）

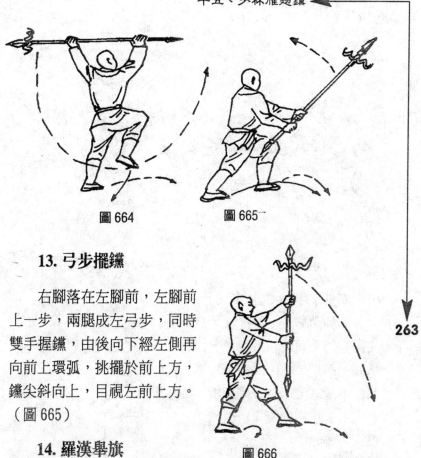

圖 664　　　圖 665

13. 弓步擺鐽

右腳落在左腳前，左腳前上一步，兩腿成左弓步，同時雙手握鐽，由後向下經左側再向前上環弧，挑擺於前上方，鐽尖斜向上，目視左前上方。（圖 665）

14. 羅漢舉旗

圖 666

右腳向前上步落於左腳內側，再左腳上前半步，成左高虛步，同時雙手握鐽，由前向上挑舉上刺，鐽尖向下，目視前方。（圖 666）

15. 金剛伏虎

右腳前移，左腳前上一步，兩腿成為仆步，同時雙手握鐽，由上向前下方劈砸，鐽尖向前，目視前方。（圖 667）

圖 667

圖 668

16. 霸王舉鼎

右腳為軸,體左轉 90
度,右腳前移,左腳提膝,
成獨立勢,同時右手滑把上
舉頭上前方,钂尖向前,左
手鬆把變掌後甩左後側,掌
心向上,掌指向後,目視前
方。(圖 668)

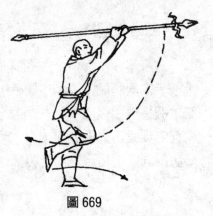

圖 669

17. 佛頂接寶

左腳落在右腳前,右腳提膝,成獨立勢,同時左手接握
钂杆,雙手握钂由頭前方,向前點擊,目視前方。(圖
669)

18. 坐虎斜刺

右腳落在左腳前一步,兩腿成歇步,同時雙手換把握钂

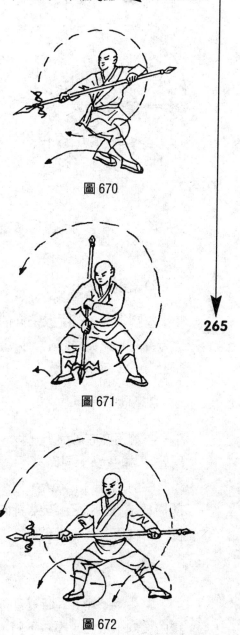

由前向後下方斜刺，鏜尖斜
向後，目視右後方。（圖
670）

19. 勒馬橫鏜

右腳後退一步，兩腳為
軸，體右轉 90 度，兩腿成
馬步，同時雙手換把握鏜，
由右向上，再向下環弧橫擋
於右下側，鏜尖向下，目視
前方。（圖 671）

20. 一馬三鏜

右腳尖外旋，馬步不
變，同時雙手換把握鏜由右
向左上環弧，然後劈向右側
下方，鏜尖向右，目視右前
方。（圖 672）

雙腳向左旋跳，體左轉
360 度，兩腳落成馬步，同
時雙手握鏜，隨身勢劈於右
側方，鏜尖向右，目視前
方。（圖 673）

雙腳向左旋跳，體左轉
270 度，兩腳落成右弓步，
同時雙手換把握鏜隨身勢下

圖 670

圖 671

圖 672

265

圖 673

圖 674

劈於前方，鏜尖向前，目視左前方。（圖 674）

21. 摘星換斗

左腳後提，雙手握鏜向前上方挑刺，鏜尖斜向上，目視前上方。（圖 675）

圖 675

22. 橫掃千軍

左腳落在右腳前方一步，兩腿成左弓步；同時雙手握鏜，由前上方向下降落，然後橫掃於右後上側，鏜尖斜向後，目視前方。（圖 676）

圖 676

23. 撥草尋蛇

左弓步不變，同時雙手握鏜由後向下環弧，經右下側，

圖 677

圖 678

掃向前方上側，钂尖斜向前，目
視前方。（圖 677）

24. 禹王定海

兩腳為軸，體右轉 180 度，
兩腿成大叉步，上體前傾，同時
雙手握钂隨身勢刺向前下方，钂
尖斜向下，目視前下方。（圖
678）

圖 679

抬左腳落於右腳前，右腳後
抬，同時雙手換把握钂向上提滑
再向前下方插刺，钂頭斜向前下
方，目視右前方。（圖 679）

25. 玉柱撐天

右腳落在左腳前方一步，兩

圖 680

腿成右弓步；同時雙手換把握钂，由前向上挑舉於頭前上
方，钂尖斜向上，目視前左方。（圖 680）

267

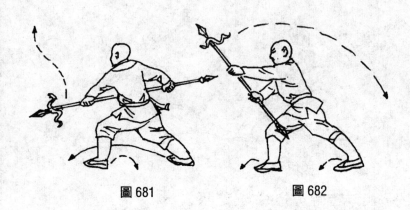

圖 681　　　　　　　　圖 682

26. 回馬斬將

兩腳為軸，體左轉 180
度，兩腿成左弓步，同時雙
手握鑱，由後向前下方斜
刺，鑱尖斜向前，目視前
方。（圖 681）

圖 683

27. 懷中抱月

左腳後移半步，右腳前上一步，兩腿成右弓步，同時雙
手握鑱，由下向前上方挑刺上點，鑱尖斜向上，目視前方。
（圖 682）

28. 回身破陣

雙腳為軸，體左轉 180 度，兩腿成左弓步，同時雙手握
鑱隨身勢砸劈於身前方，鑱尖向前，目視右前方。（圖
683）

29. 紫燕抄水

抬右腳落在左腳內側，左腳提起，同時雙手握鏜由下向上穿挑斜點，鏜尖斜向前，目視前方。（圖684）

圖 684

30. 蹲身劈敵

左腳落下與右腳併攏，兩腿屈膝成蹲步；同時雙手握鏜，由前向下劈砸，鏜尖向前，目視前方。（圖685）

31. 飛上天邊

雙腳跳起，右腳向前上方彈踢，同時雙手鬆把拋鏜於頭前上空，右手變掌由上向下拍擊右腳面（響亮），左手變掌，外展左後上側，掌心向外，掌指向上，目視右腳。（圖686）

圖 685　　　　　圖 686

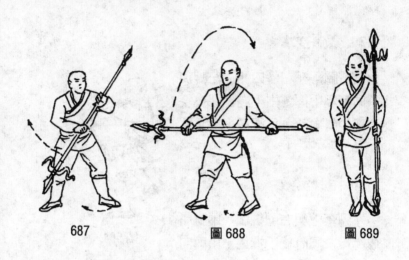

687　　　　　　　　圖 688　　　　　　圖 689

32. 接鑲倒刺

兩腳左前右後落下，左腳速前上一步，兩腳為軸，右轉
體 90 度，同時雙手倒接握鑲杆，由左上方向右下斜刺，鑲
尖斜向下，目視左前方。（圖 687）

33. 馬後刺敵

左腳尖向內旋，兩腿成為右高虛步，同時雙手反把握鑲
杆向右側點刺，鑲尖向右，目視右前方。（圖 688）

34. 收招歸原

抬左腳與右腳併攏站立，兩腳變成八字站立，同時左手
反把握鑲，立於左側前外方，鑲頭向上，右掌護右大腿外
側，掌心向內，掌指向下，目視前方。（圖 689）

十六、少林弓箭

（一）少林弓箭簡介

遠古夏商時代即有弓箭並重射技。至春秋戰國時射技更加發展並發明了弩，出現了弩道。

到宋代少林寺方丈福居禪師收集各門武技入寺，也集各家箭法，取長補短，教眾僧學習，後經元明清歷代高僧子安、洪榮、普便、清倫、海參、寂袍等精心研練，而成為有名的一種武技——少林弓箭。

少林弓箭是看守寺院的一種遠射武器，它可防止盜賊突然搶劫寺院，也可用於驅趕猛獸等。寺僧為國出征時，在戰場上，也曾用以射擊敵人，普便、月空、小山等高僧，都曾出征抗敵，在沙場上，他們經常使用弓箭。少林弓箭是少林武術主要的常用兵器之一。

少林弓箭的技法，有馬上射箭和步下射箭兩種射箭技法，馬上分為坐馬穩射和跑馬急射兩種；步下射箭分為穩步射箭和跑步射箭兩種。

1. 歌訣

少林弓箭非等閒，馬上步下奪妙玄。

坐馬勒綱穩穩射，跑馬急射力量添。

步下拉弓穩步開，跑步射擊敵膽寒。

神射技藝學在手，為國出征保邊疆。

2. 動作順序

1. 馬上坐馬穩射法
2. 馬上跑馬急射法
3. 步下穩步射箭法
4. 步下跑步射箭法
5. 弓箭練習方法

（二）少林弓箭技法說明

1. 馬上坐馬穩射法

它是坐在馬上，一手拉弓，一手搭箭，勒住戰馬，弓開弦響，箭離弓弦，射向預定目標的射法。

2. 馬上跑馬急射法

它是坐在馬身上，把馬摧開跑動，一手拉弓，一手搭箭，弓開弦響，箭離弓弦，射向預定目標的射法。

以上兩種射法，一種是坐馬穩射，一種是跑馬急射，兩種射法，也可分為四個方向。

前射，是射擊對面攻來的敵人，又叫迎面射。

後射，即轉身回頭射擊背後追來的敵人。

側射，即是向側方射擊，射擊從兩側攻來的敵人。左右那個手拉弓搭箭都可以，只要精心研練，都可以射中目標。

3. 步下穩步射箭法

它是步型穩定後，一手拉弓，一手搭箭，弓開弦響，箭

離弓弦，射向預定的目標。無論是弓步、馬步、仆步、歇步、丁步、獨立步、倒插步、插步等，都要站穩以後，方可射擊。

4. 步下跑步射箭法

它是步子不穩，正在跑著不停的時候，一手拉弓，一手搭箭，弓開弦響，箭離弓弦，射向預定目標。

穩步和跑步兩種射箭法，也分為前射，後射和側射。

射箭的重點目標是射擊頭、面、咽喉、胸、兩肋、兩肩、臂；兩腿、膝、胯、肚、腹；後腦、後心、太陽穴及耳部等重要部位。

射箭時兩手都可使用，主要是在平時多練習，純熟以後左右手拉弓搭箭，都可以射準目標。射箭的目標，可高可低，可上可下。

貞秋、貞緒二位高僧曰：

> 騎著烈馬拉硬弓，萬馬營中抖威風。
>
> 百步穿楊去的準，勝似三國老黃忠。
>
> 又如神射養由基，十幾國裡揚大名。
>
> 弟子學會射箭法，為國報效藝超眾。

5. 弓箭練習方法

用草人一個捆在木樁上，穩步射，跑步射，坐馬射，跑馬射均可。如果箭箭不落空，由近移遠，經過 3 年時間，由 3 步移至 30 步，再至 50 步。至百步後把草人由大慢慢縮小，以後把射擊目標縮小如金錢眼為度。可以跑馬百步射中金錢眼，即基本成功。要箭箭得中不落空，需要 6 至 9 年時

間。在此期間必須一日 3 次，每次各練 100 至 150 發，才為
合適。

　　註：拉弓就是用手抓弓向前後拉撐；搭箭就是用手攝箭
杆，搭在弓弦上，連弦同時攝住，息閉神靜，看準目標後，
猛鬆手，箭即彈擊，奔向預定目標。

十七、少林彈弓

（一）少林彈弓簡介

彈弓是人類從勞動和狩獵中，經過實踐得來的。在宋代少林高僧伏虎禪師的女弟子穆春俠，精於少林彈弓。以後彈弓在少林寺流傳下來，寺僧都刻苦研練。元明清歷代高僧、惠矩、覺訓、園勝、悟雷、洪榮、廣順、道時、玄慈、靜紹、如容湛化、湛舉、湛可等都精練彈弓，相傳至今。

少林彈弓，在寺內主要供寺僧練武和防止盜賊襲擊所用。雲遊募化時，對攔路搶劫的歹徒，可以從遠處發打射擊或逼使惡人歹徒逃遁。

少林彈弓的技法主要有馬上和步下兩種，每一種又分為四面，與弓箭的射法相似。一手拉弓，一手搭彈丸，弓開弦響，彈丸發射出去，打擊預定目標，左右手可以交替使用。

1. 歌訣

少林鐵彈圓又圓，弓開弦響快如電。
彈子射擊如流星，對準來敵擊頭面。
對手若重鐵彈子，頭面以上紅光顯。
輕者皮破骨頭疼，重上緊關染黃泉。
馬上步下能施展，四面射擊應實戰。

2. 動作順序

1.馬上坐馬勒繮打法

2. 馬上摧馬跑開打法
3. 步下穩步打法
4. 步下跑步打法
5. 彈弓的練習方法

（二）少林彈弓技法說明

1. 馬上坐馬勒繮打法

它是將身坐在馬上，把馬繮繩勒住，一手拉弓，一手搭彈子，兩臂用力，弓開弦響，彈子離弓，奔向預定目標射擊。它可以向背後打，也可以向前方打，還可以向兩側打。

276

2. 馬上摧馬跑開打法

它是將身坐在馬上，把馬摧開，跑動以後，迅速一手拉弓，一手搭彈子，弓開弦響，射擊彈子，直奔預定目標。它可以向前面打，也可以向後面打，還可以向左右側方打。

3. 步下穩步打法

無論弓步、馬步、仆步、虛步、歇步、獨立步、丁步、插步、拗步、倒插步等，都要在各種步形站穩以後，再右手搭彈子，左手開弓，或者左手搭彈子，右手開弓，弓開弦響，打出彈子奔向預定目標。

4. 步下跑步打法

它是在跑動不停的時候，左手拉弓，右手搭彈子，弓開弦響，彈子發射向預定打擊目標，可以打前面來敵，也可以

打背後追來之敵，更可打左右兩側攻來的敵人，此外也可打上邊高處的敵人，或者打低處的敵人。

彈子打擊的主要部位：頭、面、太陽、耳門、後腦、咽喉、前胸、後心、兩肋、膝蓋、兩臁、會陰、命門、尾尖骨、足三里、外踝骨、外胯骨、肩外側和肘尖等各處穴位。

5. 彈弓的練習方法

用紙糊如頭大的圓圈 10 幾個，用杆豎起高 6 尺左右，每天穩步打，跑步打，坐馬打或跑馬打。3 次發打，早午晚各一次，每次各打 100 發，經 6 年後，可以由三五步增加至50 步，由斗大的圓圈漸漸縮至如銀杏大，即基本成功。發射彈子個個不落空，在練習時需要下苦功，學而不厭，會而不倦。左右手同時練習，時間久者即可左右開弓。

拉弓，就是用手抓住弓向左右或前後拉撐。搭彈子，就是用手搭攝彈子在弓弦上，穩住弓弦，息閉神靜，等弓拉開後再鬆手，彈子即被彈出，奔向預定目標。

少林著名武術鏢師張義華、楊秀山曰：

只要精心苦研練，發打彈子有效驗。

弓開弦響去的巧，專打強敵緊要關。

馬上步下一樣使，行站坐臥都一般。

學會少林弓和彈，遊走天下不膽寒。

大展出版社有限公司
品冠文化出版社

圖書目錄

地址：台北市北投區(石牌) 　　電話： (02) 28236031
　　　致遠一路二段 12 巷 1 號 　　　　28236033
郵撥：01669551＜大展＞ 　　傳真： (02) 28272069

・生 活 廣 場・品冠編號 61

・女醫師系列・品冠編號 62

・傳統民俗療法・品冠編號 63

2.	神奇拍打療法		安在峰著	200 元
3.	神奇拔罐療法		安在峰著	200 元
4.	神奇艾灸療法		安在峰著	200 元
5.	神奇貼敷療法		安在峰著	200 元
6.	神奇薰洗療法		安在峰著	200 元
7.	神奇耳穴療法		安在峰著	200 元
8.	神奇指針療法		安在峰著	200 元
9.	神奇藥酒療法		安在峰著	200 元
10.	神奇藥茶療法		安在峰著	200 元
11.	神奇推拿療法		張貴荷著	200 元
12.	神奇止痛療法		漆 浩 著	200 元

·彩色圖解保健· 品冠編號 64

1.	瘦身	主婦之友社	300 元
2.	腰痛	主婦之友社	300 元
3.	肩膀痠痛	主婦之友社	300 元
4.	腰、膝、腳的疼痛	主婦之友社	300 元
5.	壓力、精神疲勞	主婦之友社	300 元
6.	眼睛疲勞、視力減退	主婦之友社	300 元

·心 想 事 成· 品冠編號 65

1.	魔法愛情點心	結城莫拉著	120 元
2.	可愛手工飾品	結城莫拉著	120 元
3.	可愛打扮 & 髮型	結城莫拉著	120 元
4.	撲克牌算命	結城莫拉著	120 元

·少 年 偵 探· 品冠編號 66

1.	怪盜二十面相	（精）	江戶川亂步著	特價 189 元
2.	少年偵探團	（精）	江戶川亂步著	特價 189 元
3.	妖怪博士	（精）	江戶川亂步著	特價 189 元
4.	大金塊	（精）	江戶川亂步著	特價 230 元
5.	青銅魔人	（精）	江戶川亂步著	特價 230 元
6.	地底魔術王	（精）	江戶川亂步著	特價 230 元
7.	透明怪人	（精）	江戶川亂步著	特價 230 元
8.	怪人四十面相	（精）	江戶川亂步著	特價 230 元
9.	宇宙怪人	（精）	江戶川亂步著	特價 230 元
10.	恐怖的鐵塔王國	（精）	江戶川亂步著	特價 230 元
11.	灰色巨人	（精）	江戶川亂步著	特價 230 元
12.	海底魔術師	（精）	江戶川亂步著	特價 230 元
13.	黃金豹	（精）	江戶川亂步著	特價 230 元
14.	魔法博士	（精）	江戶川亂步著	特價 230 元

15. 馬戲怪人　　　　　（精）江戶川亂步著　特價 230 元
16. 魔人銅鑼　　　　　（精）江戶川亂步著　特價 230 元
17. 魔法人偶　　　　　（精）江戶川亂步著　特價 230 元
18. 奇面城的秘密　　　（精）江戶川亂步著　特價 230 元
19. 夜光人　　　　　　（精）江戶川亂步著　特價 230 元
20. 塔上的魔術師　　　（精）江戶川亂步著　特價 230 元
21. 鐵人Ｑ　　　　　　（精）江戶川亂步著　特價 230 元
22. 假面恐怖王　　　　（精）江戶川亂步著
23. 電人Ｍ　　　　　　（精）江戶川亂步著
24. 二十面相的詛咒　　（精）江戶川亂步著
25. 飛天二十面相　　　（精）江戶川亂步著
26. 黃金怪獸　　　　　（精）江戶川亂步著

・熱 門 新 知・品冠編號 67

1. 圖解基因與 DNA　　（精）　　中原英臣 主編 230 元
2. 圖解人體的神奇　　（精）　　米山公啟 主編 230 元
3. 圖解腦與心的構造　（精）　　永田和哉 主編 230 元
4. 圖解科學的神奇　　（精）　　鳥海光弘 主編 230 元
5. 圖解數學的神奇　　（精）　　柳 谷 晃　著

法律專欄連載・大展編號 58

台大法學院　　　法律學系／策劃
　　　　　　　　　法律服務社／編著

1. 別讓您的權利睡著了(1)　　　　　200 元
2. 別讓您的權利睡著了(2)　　　　　200 元

・武 術 特 輯・大展編號 10

1. 陳式太極拳入門　　　　　　馮志強編著　180 元
2. 武式太極拳　　　　　　　　郝少如編著　200 元
3. 練功十八法入門　　　　　　蕭京凌編著　120 元
4. 教門長拳　　　　　　　　　蕭京凌編著　150 元
5. 跆拳道　　　　　　　　　　蕭京凌編譯　180 元
6. 正傳合氣道　　　　　　　　程曉鈴譯　　200 元
7. 圖解雙節棍　　　　　　　　陳銘遠著　　150 元
8. 格鬥空手道　　　　　　　　鄭旭旭編著　200 元
9. 實用跆拳道　　　　　　　　陳國榮編著　200 元
10. 武術初學指南　　李文英、解守德編著　250 元
11. 泰國拳　　　　　　　　　　陳國榮著　　180 元
12. 中國式摔跤　　　　　　　　黃 斌編著　180 元
13. 太極劍入門　　　　　　　　李德印編著　180 元
14. 太極拳運動　　　　　　　　運動司編　　250 元

·名師出高徒· 大展編號 111

1.	武術基本功與基本動作	劉玉萍編著	200 元
2.	長拳入門與精進	吳彬 等著	220 元
3.	劍術刀術入門與精進	楊柏龍等著	220 元
4.	棍術、槍術入門與精進	邱丕相編著	220 元
5.	南拳入門與精進	朱瑞琪編著	220 元
6.	散手入門與精進	張 山等著	220 元
7.	太極拳入門與精進	李德印編著	280 元
8.	太極推手入門與精進	田金龍編著	220 元

·實用武術技擊· 大展編號 112

1.	實用自衛拳法	溫佐惠 著	250 元
2.	搏擊術精選	陳清山等著	220 元
3.	秘傳防身絕技	程崑彬 著	230 元
4.	振藩截拳道入門	陳琦平 著	220 元
5.	實用擒拿法	韓建中 著	220 元
6.	擒拿反擒拿 88 法	韓建中 著	250 元

·中國武術規定套路· 大展編號 113

1.	螳螂拳	中國武術系列	300 元
2.	劈掛拳	規定套路編寫組	300 元
3.	八極拳		

·中華傳統武術· 大展編號 114

1.	中華古今兵械圖考	裴錫榮 主編	280 元
2.	武當劍	陳湘陵 編著	200 元
3.	梁派八卦掌（老八掌）	李子鳴 遺著	220 元
4.	少林 72 藝與武當 36 功	裴錫榮 主編	230 元
5.	三十六把擒拿	佐藤金兵衛 主編	200 元
6.	武當太極拳與盤手 20 法	裴錫榮 主編	元

·少林功夫· 大展編號 115

1.	少林打擂秘訣	德虔、素法 編著	300 元
2.	少林三大名拳 炮拳、大洪拳、六合拳	門惠豐 等著	200 元
3.	少林三絕 氣功、點穴、擒拿	德虔 編著	300 元

·道學文化· 大展編號 12

| 1. | 道在養生：道教長壽術 | 郝勤 等著 | 250 元 |

・秘傳占卜系列・ 大展編號 14

・趣味心理講座・ 大展編號 15

·青 春 天 地· 大展編號 17

國家圖書館出版品預行編目資料

少林怪兵器秘傳／素法　德虔　德炎　德皎　編著
　　——初版，——臺北市，大展，2003〔民92〕
　　面；21公分，——（少林功夫；4）
　　ISBN 957-468-217-x（平裝）

1.武術—中國　2.兵器—中國
528.975　　　　　　　　　　　　　　92005828

北京體育大學出版社授權中文繁體字版

少林怪兵器秘傳

ISBN 957-468-217-x

編 著 者／素法　德虔　德炎　德皎
責任編輯／李　　飛
發 行 人／蔡森明
出 版 者／大展出版社有限公司
社　　址／台北市北投區（石牌）致遠一路2段12巷1號
電　　話／（02）28236031・28236033・28233123
傳　　眞／（02）28272069
郵政劃撥／01669551
E-mail／dah.jaan@pchome.com.tw
登 記 證／局版臺業字第2171號
承 印 者／高星印刷品行
裝　　訂／協億印製廠股份有限公司
排 版 者／弘益電腦排版有限公司
初版1刷／2003年（民92年）6月

定　價／250元